팝업시티

팝업시티

초판 1쇄 발행 | 2018년 11월 27일

지은이 | 음성원

펴낸이 | 한성근
펴낸곳 | 이데아
출판등록 | 2014년 10월 15일 제2015-000133호
주소 | 서울 마포구 월드컵로28길 6, 3층 (성산동)
전자우편 | idea_book@naver.com
전화번호 | 070-4208-7212
팩스 | 050-5320-7212

ISBN 979-11-89143-02-2 03320

이 책의 국립중앙도서관 출판사도서목록(CIP)은 e-CIP(http://www.nl.go.kr/ecip)와
국가자료공동목록시스템(http://www.nl.go.kr/kolisnet)에서 이용하실 수 있습니다.
(CIP제어번호: CIP2018036819)

Pop-Up City
팝업시티
에어비앤비와 공유경제, 그리고 도시의 진화

음성원 지음

이데아

공유경제는 도시적 현상이다

서울 연희동 궁동산 언덕 쪽에 있는 우리 집에서는 카카오택시를 이용하기가 쉽지 않다. 카카오택시 앱을 열어 목적지를 우리집 앞으로 설정하면, 어지간히 먼 거리가 아니면 불러도 잡히지 않는다. 택시 기사들이 우리 집 위치를 확인한 뒤 무시해 버리기 때문인 듯하다. 그래서 언젠가부터 집으로 갈 때 택시를 타면 카카오택시를 이용하지 않게 되었다. 이는 택시 기사 입장에서 볼 때 당연한 일이다. 우리 집 쪽으로 가봤자 돌아나올 때는 빈 차로 나와야 하기 때문이다.

우리 집이 도심지의 번화가에 있었다면, 목적지를 우리 집으로 설정해도 아마 손쉽게 택시를 부를 수 있을 것이다. 다시 돌아나올 때 승객을 구할 확률이 훨씬 높기 때문이다.

이것이 바로 도시의 장점이다. 농촌에서는 카풀을 이용하기가 쉽지 않다. 인구밀도가 낮으니 목적지가 같은 이웃 주민을 찾아내기가 쉽지 않기 때문이다. 반면 도심지의 번화가는 수요와 공급이 한데 몰리는 곳이기 때문에 도시를 구성하는 각종 인프라 성격의 서비스를 이용하기에 편리하다. 그리고 이것은 공유경제의 작동 원리이기도 하다. 공유경제는 수요자와 공급자가 '충분히' 많아야 작동할 수 있다. 내가 쓰지 않는 자원을 남들이 사용하려면 수요자가 충분히 많아야 한다. 그런 점에서 공유경제는 도시적 현상이다.

플랫폼으로 개인과 개인이 거래를 하려면 그 밑바탕에 무엇을 깔고 있어야 할까? 너무나도 당연한 이야기지만, P2P(Peer to Peer, 개인 간 거래)에 필요한 것은 바로 무수히 많은 개인이다. 그리고 그 개인이 충분히 많이 모여 있는 곳이 바로 도시다.

다양한 니즈를 지닌 개인들을 플랫폼이라는 기술로 모아 내는 것이 공유경제의 특징이라고 한다면, 그 특징이 발현되기 위해서는 반드시 이 플랫폼을 이용하는 사람이 많아야 한다. 택시 기사가 우리 집 쪽으로 가기를 꺼리는 것은 우리 집의 위치가 도시적 특성이 약한 곳이기 때문이다. 도심으로 인프라가 집중되는 것은 당연하다. 원래 지하철역이 있는 곳에 또 다른 지하철역이 생기고, 버스정류장도 모이게 마련이다.

도시는 기득권을 가속화한다. 한때 나는 도시가 너무 기득권 위주로 구성되는 경향이 강해 문제라고 생각했다. 하지만 그것이 어쩔 수 없는 일이라는 것을 깨닫는 데 그리 오랜 시간이 필요하지 않았다. 인프라가 한 장소에 집중되어야 사회적 편익이 극대화된다. 지하철 2호선이 지나가는 곳에 지하철 6호선을 연결해야 하고, 그 전철역을 더 편리하게 이용하게 하려면 버스 노선이 연결되어야 하기 때문이다. 네트워크 효과는 도시의 장점을 한 차원 높게 끌어올린다.

반면 기득권을 갖지 못한 도시라든가 사람이 점점 모이지 않는 동네는 그나마 가지고 있던 인프라마저 빼앗길 우려가 있다. 인천에서 유일하게 이용할 수 있었던 KTX 노선이 2018년 9월 1일 자로 폐지된 것도 같은 맥락에서다. 바로 이용자가 적었던 것이다. 2017년 인천공항 KTX 노선(서울역—검암역—인천공항)의 좌석 점유율은 23퍼센트에 불과했다.[*] 사람이 몰리지 않으면 인프라가 작동할 수 없는 현실을 그대로 보여주는 사례다.

수요자와 공급자가 많아야 공유경제가 작동하는 것은 도시 인프라가 한곳에 집중되는 것과 같은 원리다. 공유경제도 도시에서는 하나의 인프라처럼 작동한다. 도시의 인프라와 함께 앞으로 계속

〈인천, 4년 만에 다시 KTX 없는 도시로…불편 가중〉, 《연합뉴스》, 2018년 9월 1일, http://www.yonhapnews.co.kr/bulletin/2018/08/31/0200000000AKR20180831150 600065.HTML?input=1195m.

늘어날 공유경제 서비스가 한데 몰리는 곳의 입지적 가치는 계속해서 높아질 것이라는 점은 공유경제의 시대에 부수적으로 나타나는 현상이라고도 예상할 수 있다.

수요자와 공급자가 많으면 자신과 같은 취향을 가지고 있는 사람들을 찾아낼 수 있게 된다. 예컨대 중고나라에서 거래를 할 때는 홍대입구역 주변에서 '직거래'하겠다고 하면 다른 곳에서 거래하겠다고 할 때보다 손쉽게 거래가 이루어진다. 중고나라 이용자는 주로 젊은 사람들인데 이들이 쉽게 접근할 수 있는 곳, 또는 젊은 사람들이 많이 모여 있는 곳이 바로 홍대입구역이기 때문이다. 마찬가지로 서울에서 거래해야 중고 거래가 쉽게 이루어진다. 서울 이외의 지역에서는 중고 물품을 올려도 직거래가 쉽게 이루어지지 않는다. 밀도가 높은 곳에서 개인 간 연결이 더욱 쉽게 이루어진다. 차량 공유 플랫폼을 이용해 카풀을 하려면 반드시 나와 비슷한 경로를 이용해 목적지로 향하는 사람들이 존재해야만 한다. 그래야 N분의 1로 비용을 나눠 더 싸게 차량을 이용할 수 있다.

사실 취향이 다양한 수많은 개인이 모인 공간적 플랫폼이 바로 도시다. 경제협력개발기구(OECD)는 50만 명 이상이 모여 있는 곳을 메트로폴리탄 도시라 부른다. 다시 말해 도시의 특징은 많은 인구와 높은 밀도라고 할 수 있다. 수많은 사람이 높은 밀도로 모여 있는 공간이 바로 도시이며, 이를 위해 구축된 건물과 교통 등의 인프라와 물리적 특징, 경제활동 등이 도시를 구성하는 주요 요소다. 이 같은 도시의 특징은 교통 체증과 혼잡, 주거 문제 등과 같은 도시문제를 불러일으키는 동시에 값싼 대중교통 체계, 효율적인 교류에 따른 혁신 등 도시만이 얻어 낼 수 있는 뚜렷한 장점을 만들어 내기도 한다.

공유경제는 바로 이 도시적 장점에 기반해 작동하는 시스템이다. 개인과 개인을 효율적으로 연결하기 위해서는 그 개인들이 가까운 곳에 서로 모여 활동을 하고 있어야 한다. 공급자군과 소비자군의 규모가 충분히 커야 플랫폼이 작동한다. 이와 관련해 네스터 M. 데이비드슨(Nestor M. Davidson)과 존 J. 인프란카(John J. Infranca)는 미국 《예일대학교 법&정책 리뷰》에 기고한 글 〈도시적 현상으로서의 공유경제〉*에서 공유경제의 특징으로 '장소 기반(place-based)'을 꼽았다. 그리고 관련 제도도 이 같은 장소 기반적 성격에서 비롯될 수밖에 없다고 지적했다.

두 저자는 미국을 예로 들며 다음과 같이 설명했다. "AT&T와 마이크로소프트, 구글, 아마존 등 기술 혁신 물결의 초기에 등장했던

• "The Sharing Economy as an Urban Phenomenon," *YALE LAW & POLICY REVIEW* Volume 34 Issue 2(2016), https://ylpr.yale.edu/sharing-economy-urban-phenomenon.

기업들의 경우 주로 연방정부 수준에서 규제 검토가 이루어졌던 반면, 최근 등장하는 혁신 기업들은 용도지역제(zoning codes)와 같은 도시 단위의 규제에 영향을 받는다"고 설명했다. 공유경제의 특징이 도시 단위, 장소 기반으로 발현되다 보니 관련 규제 역시 지방자치단체(도시) 단위로 나타날 수밖에 없다. '연방'을 거론한다는 점에서 논문의 내용이 다소 '미국적'이고, 따라서 도시별로 상이한 규제 체계에 대한 설명이 한국의 상황과는 맞지 않는 면이 있지만, 공유경제가 '장소 기반'의 특징을 갖는다는 측면은 되새겨볼 만하다.

에어비앤비 여행객들은 특정 동네에서 현지인처럼 살아 보는 여행을 원한다. 이는 기본적으로 수요자들이 원하는 숙소가 '상업용'이 아니라 '주거용'이라는 뜻이다. 에어비앤비는 본질적으로 주거용으로 쓰는 주택을 잠시 도시계획상의 다른 용도로 쓸 수 있도록 도와주는 플랫폼이다. 이처럼 공유경제의 대표적 상품인 에어비앤비는 도시계획과 밀접하게 관련된다. 아울러 에어비앤비는 빈집이 많은 동네에서는 적극적으로 활용하고, 집이 부족한 곳에서는 규제를 가하는 식으로 동네별로 차등화할 필요가 있다. 그런 점에서 에어비앤비 역시 '장소 기반' 서비스라고 말할 수 있다.

앞서 이야기했듯이, 수요자와 공급자가 충분해야 우버가 작동할 수 있다. 일자리 중개 플랫폼인 태스크래빗(Taskrabbit)은 특수한 기술을 가진 개인이 자신의 능력을 원하는 회사를 찾아낼 수 있게 도와주는데, 역시 충분한 수요자와 공급자가 있다는 전제하에서 가능한 서비스다. 앞서 언급했듯이 우버 역시 장소적 특징에 영향을 많이 받는다.

밀도 높은 도시 공간에서 플랫폼을 이용해 서로의 니즈를 더 쉽게 파악할 수 있게 되면, 매우 전문화된 영역이 하나의 산업으로 떠오를 수도 있다. 도시는 희귀한 서비스를 원하는 수요층이 일정 수준 이상 모일 수 있는 공간이다. 그런 점에서 공유경제는 도시 친화적인 서비스일 수밖에 없다.

인구 100만 이상의 도시는 1950년 83개에서 2015년에는 500개로 늘었다.• UN은 〈세계 도시화 전망 2014〉••에서 2014년 현재 전 세계 인구의 54퍼센트가 도시 지역에서 살고 있으며, 2050년에는 전 세계 인구의 66퍼센트가 도시에서 살게 될 것이라고 전망했다.

세계적으로 빠르게 진행되고 있는 도시화 현상은 '뉴 노멀(New Normal)'로 자리 잡은 저성장과 더불어 공유경제의 시대를 불러오는 중요한 토대라 하지 않을 수 없다.

논문의 두 저자는 도시 속에서 공유경제가 등장할 수밖에 없고,

•   "UNWTO: Tourism demand remains strong despite challenges," *BREAKING travel news*, Jan. 18, 2017.

••   https://esa.un.org/unpd/wup/publications/files/wup2014-highlights.pdf.

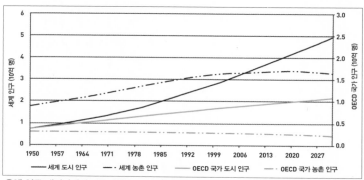

유엔 인구 데이터베이스를 바탕으로 계산한 결과

세계의 도시 인구는 빠르게 증가하고 있다. OECD 회원국들의 도시 인구 역시 꾸준히 증가세를 보인다. (자료: UN)

도시에서 공유경제가 도시문제를 푸는 중요한 해법으로 작동한다고 설명하며 다음과 같이 밝혔다.

"공유경제는 확실히 현실에 기반해, 장소에 기반한 방식으로 자산과 사람들을 다시 연결하고 있으며, 공유경제 기업은 사람들로 붐비는 도시 지역에서의 어려움들을 해결하는 혁신적인 방안을 제공함으로써 성공할 수 있게 되었다."

그렇다면 우리나라의 전문가들은 공유경제에 대해 도시적 관점으로 접근하고 있을까? 나는 이 책에서 이 점을 짚어 주고 싶다. 그래서 에어비앤비를 중심으로 공유경제의 도시적 특성에 관해 글을 풀어 나가려 했다. 이 책은 공유경제 전반에 대한 개념 정의에서 시작해 관련 제도의 논의로 이어진다. 그 과정에서 자연스럽게 도시와 공유경제의 공통분모를 찾아 보여줄 수 있을 것이라고 기대한다. 아울러 나는 왜 '팝업시티'라는 개념의 새로운 도시 운용 시스템이 필요한지에 대해 강조하고 싶었다.

이 책은 공유경제에 대해 정확히 알 수 있게 도와주는 개론서이자, 도시라는 공간 속에서 공유경제, 특히 에어비앤비가 어떻게 작동하는지를 보여주는 사례집이기도 하다. 이 책을 넘기면서 독자들이 공유경제가 작동하는 새로운 도시에 대해 상상할 수 있는 문을 열게 되길 바란다.

또한 에어비앤비에서 일하면서 접한 많은 사례를 중심으로 2017년 여름부터 매주 썼던 《세계일보》와 《허핑턴포스트》 칼럼을 거의 그대로 이 책에 실었다는 점을 알린다. 칼럼을 쓸 수 있게 도와주신 《세계일보》의 황계식 부장과 《허핑턴포스트》의 이진우 에디터에게 감사드린다. 에어비앤비에서 일하면서 공유경제는 물론, 내가 평상시에 관심을 가져왔던 도시문제에 대해 연결을 시도할 수 있었다는 점은 참으로 감사한 일이다. 칼럼을 쓰고, 책을 쓴다고 했을 때 함께 응원해 준 이상현 정책총괄 대표 등 에어비앤비 동료들에게도 감사 인사를 하고 싶다. 마지막으로, 이 책은 에어비앤비의 공식 입장이라기보다는 꾸준히 활동 중인 도시건축 전문 작가의 작업으로 기록되길 바란다.

그러고 보니 이 책을 쓰고 있는 지금, 살고 있는 연희동의 집에서 벌써 두 권째 책을 내놓는다. 이 집이 지어졌을 즈음인 1962년, 대한주택공사(현 LH한국토지주택공사)가 발간한 《주택건설》에는 마포아파트에 입주한 부부가 눈물을 흘리며 "여기서 멈추지 않고 더 노력해 마당이 딸린 단독주택으로 가겠다"고 말한 내용이 실렸다고 한다.• 그러던 것이 이제는 부동산값이 천정부지로 치솟는 곳은 직장이 가깝고, 백화점과 체육 시설·공원 등의 인프라가 잘 갖춰져 있으며, 학교가 모여 있는 밀도 높은 아파트들이다. 쏠림은 쏠림을 가속화할 것이다. 그리고 거기에서 꽃피는 미래 산업은 바로 장소 기반의 네트워크 효과를 바탕으로 하는 공유경제가 될 가능성이 높다. 그리고 공유경제는 도시의 또 다른 인프라로 작동하게 될 것이다.

계절을 느낄 수 있는 마당을 바라보며, 어디서 왔는지 모를 작은 곤충들의 분주한 발걸음을 보며, 예쁜 딸과 마당 돗자리에 누워 파란 하늘을 흘러가는 구름을 보며 대화하던 추억이 묻어 있는 우리 집은 참으로 한가한 동네다. 그러나 공유경제에는 맞지 않는 곳이

• 〈379만 가구에 164만 채뿐…서울 아파트는 늘 부족하다〉, 《중앙일보》, 2018년 8월 25일, https://news.joins.com/article/22913407.

라는 점은 어쩐지 씁쓸하기도 하다. 가족들과 행복한 시간을 보내며 책 두 권을 쓸 수 있게 해준 나의 집에도 고맙다는 말을 건네고 싶다.

1

공유경제란
무엇인가?

66 공유경제는 도시에서 살고 있는 수많은 사람들의 삶의 질과
관계되어 있는 중요한 테마다. 마치 새로운 것을 말하는 것 같지만,
모더니즘으로 황폐화된 도시의 건조함 속에서 우리는
이제 다시 한번 도시의 본질에 대해 질문할 수 있는 기회를
얻은 것인지도 모른다. 99

우리는 이미
공유경제를 알고 있다

"갤럭시S8 무료 구매 찬스!"

2017년 6월 28일, 서울 신촌 연세로를 걷다가 이런 플래카드를 발견했다.

1년밖에 쓰지 않은 휴대전화가 갑자기 고장 나 휴대전화를 새로 구입해야겠다고 생각하던 때여서 그런지 눈에 확 들어오는 메시지였다. 그런데 옆의 문구를 읽어 보니 '무료 구매'에 대한 정의가 조금 생소했다. 문구는 이러했다. "제휴카드 혜택＋구매 18개월 사용 후 기기 반납시"

사실상 '임대폰'인 셈이었다. 그런데 통신사는 이를 '무료 구매'라

2018년 6월 28일 서울 신촌 연세로의 통신사 매장 모습. '갤럭시S8 무료 구매 찬스!'라는 플래카드가 붙어 있다. '무료'라기보다는 사실상 '임대'에 가깝다.

고 표현했다. 거부감을 보이는 사람도 거의 없었다. 우리는 이미 이런 행위를 반복해 왔기 때문이다. 휴대전화를 구매했다가 2년 정도 쓰고 나면 팔아 버리고, 다시 새 휴대전화를 구매하는 익숙한 패턴이 그것이다. "갤럭시S8 무료 구매 찬스!"는 이 같은 행위를 조금 더 극적으로 포장해 상품화한 문구일 뿐이다. 이것은 소유인가, 임대인가, 아니면 공유인가?

많은 사람이 사용하고 있는 스마트폰은 이미 공유경제의 영역속에 편입되어 있다고 해도 과언이 아니다. 공유경제의 정의를 알든 모르든, 최근의 경제 현상에 대해 '공유'라는 표현을 쓰는 것에 대해 동의하든 않든 간에, 이른바 공유경제는 이미 우리 삶에 큰 영향을 미치고 있는 셈이다.

시장조사 기관 주니퍼리서치의 연구 결과에 따르면, 공유경제의 시장 규모는 2017년 기준 186억 달러(약 21조 1000억 원)에 달하는 것으로 나타났다.* 이는 에어비앤비나 우버 같은 공유경제 플랫폼 사업자의 매출을 토대로 분석한 규모다. 주니퍼리서치는 에어비앤비 등 플랫폼 사업자를 기반으로 한 공유경제 규모가 2022년에 402억 달러(약 45조 4000억 원)에 이를 것으로 전망했다.

공유경제는 점점 더 확산될 것으로 보인다. 첫 번째 근거는 2008년 금융위기 이후 경제 질서로 확립된 저성장이다. 저성장 시대에는 무언가를 새로 생산해 봤자 그것을 소비할 여력이 있는 사람들이 부족하다. 그렇다 보니 기존에 이미 있는 것을 다시 활용하려는 동인이 생겼다. 공유경제의 핵심은 바로 여기에 있다. 앞으로 이어지는 글에서 바로 이 같은 측면이 반복해 등장할 것이다.

이와 함께 2007년 애플 사의 아이폰이 등장한 뒤 스마트폰이 확산되면서 온라인 접근성이 대폭 확대되었고, 기존 자원의 활용도가 높아졌다. 〈공유경제: 사람들은 왜 협력적 소비에 참여

* https://www.juniperresearch.com/document-library/white-papers/sharing-economy-3-industries-ripe-for-disruption.

500만	8만 1000	191+	4억+
전 세계 에어비앤비 숙소	에어비앤비 숙소가 등록된 도시	에어비앤비 숙소가 있는 국가	에어비앤비 총게스트 체크인

2018년 8월 1일 현재 에어비앤비 통계. 191개 이상 국가의 500만 개 숙소가 에어비앤비에 등록되어 있으며, 현재까지 4억 명 이상의 누적 고객이 에어비앤비를 이용했다. 2018년 9월 말 기준으로 적어 둔 이 수치는 계속 늘어나고 있다. (자료: 에어비앤비, https://press.atairbnb.com/fast-facts/)

하는가(The sharing economy: Why people participate in collaborative consumption)》라는 제목의 논문에서는 "정보통신기술(ICT)의 발달이 이른바 협력적 소비와 개인 간(Peer-to-Peer) 거래를 확산시킨다"*고 설명한다. 협력적 소비와 개인 간 거래는 공유경제의 핵심 키워드다. 스마트폰은 누구나, 언제나, 어디서나 쉽게 공유경제 플랫폼을 이용할 수 있게 해주었다.

공유경제의 확산에는 문화적 요인도 빼놓을 수 없다. 새로운 문화는 밀레니얼 세대(Millennials, 1980~2000년생)가 주도하고 있다. 밀

●   https://papers.ssrn.com/sol3/papers.cfm?abstract_id=2271971.

레니얼 세대는 소유보다는 경험과 이벤트, 네트워크를 중시한다. 스트리밍으로 음악을 듣고 영화를 본다. 집을 살 수 있는 자본도 없거니와 그럴 필요성도 과거 세대보다는 덜 느끼며 만남을 중시한다. 세계적 투자은행인 골드만삭스에 따르면, 밀레니얼은 다른 어떤 세대보다 건강과 환경을 중시하는 세대이기도 하다. 기존 자원을 재활용하는 공유경제가 새로운 문화 트렌드에 적절하게 맞아떨어진다는 의미다.

이렇게 공유경제는 이제 주류 경제의 일부로 자리 잡고 있으며, 이 추세는 더욱 가파르게 확산될 것이다. 예컨대 공유경제의 대표 주자인 에어비앤비는 2008년 설립한 이후 짧은 시간이 흘렀지만, 이미 현실 세계에서 강력한 경제주체로 떠오르고 있다. 지금까지 에어비앤비를 이용한 누적 고객(게스트)이 무려 4억 명(2018년 9월 기준)에 이를 정도이며, 기업 가치가 힐튼을 뛰어넘은 지 오래다. 2017년 8월 5일은 전 세계에서 하루 동안 에어비앤비 숙소에서 잠을 청한 사람이 250만 명에 달했다.

이렇게 공유경제가 확산되는 시대적 흐름 속에서 우리는 무엇을 준비해야 할까? 가장 먼저 필요한 것은 바로 인식의 전환이다. 공유경제에 대한 모호한 환상은 혼란을 야기할 뿐이며, 새로운 시대에 적응할 수 없게 만든다. 많은 사람이 공유경제에 대해 오해하고 있다. 공유경제는 서로 가진 것을 나누는 방식의 따뜻한 경제이며,

자본주의를 극복할 대안이라는 식의 인식이 그중 하나다. 물론 공유경제의 특성상 이 같은 긍정적 측면이 강한 것이 사실이지만, 본질은 그것이 아니다. 이런 식으로 정의한다면 공유경제의 범위를 너무 협소하게 보는 것이다. 마치 '장님 코끼리 만지기' 식으로 공유경제의 일부만 이해하게 되고, 공유경제가 등장하게 된 본질적인 이유를 놓쳐 버릴 우려가 있다. 등장 배경을 정확히 이해하지 않으면, 우리가 공유경제를 바탕으로 무엇을 얻어낼 것인지 목표가 불분명해지고 세계적인 흐름도 놓쳐 버릴 것이다.

호텔, 백화점, 우체국도 공유경제다

본질적으로 공유경제란 '효율의 극대화'라는 경제 논리에 다름 아니며, 이를 바탕으로 이미 우리 생활 속에 깊이 자리매김해 있었다. 자동차 렌트, 정수기 렌트 등은 기업과 개인 간의 공유경제 모델이다. 임대인 듯 공유 같기도 한 스마트폰 시장은 기업과 개인 간 거래(C2P)는 물론 개인 간 거래(P2P) 모두를 포괄하고 있다는 점에서 바로 지금까지의 공유경제 모델과 플랫폼을 기반으로 한 새로운 공유경제 간의 접점처럼 보이기도 한다.

이런 관점으로 우리 인식의 틀을 넓혀 보면, 기존 생활 속 공유경제도 눈에 띈다. 전통적인 사업자로 꼽히는 호텔이야말로 공유경제와 건축적 장치를 적극적으로 이용한 상품이다. 호텔은 건축적 기법과 공유 공간의 이점을 적극적으로 활용해 자원 이용을 최적화했다. 많은 사람이 호텔의 화려한 로비에 들어서면서 이런 감정을 느낀다. "아, 여기가 오늘 밤 내가 묵을 호텔이구나. 정말 화려하고 멋지구나."

이 감정은 사실 사람들의 인식을 흩트리게 한 공유와 건축이라는 장치의 부산물이다. 실제로 잠을 자는 공간은 아주 작고 어두운 방 한 칸일 뿐이다. 우리를 착각하게 하는 그 부분, 그것이 공유경제의 중요한 특징 중 하나다. 사람의 마음을 이끄는 화려한 입구와 로비에 있는 친절한 직원들, 따뜻한 스크램블드에그가 나오는 식당, 클래식 음악이 흐르는 카페가 있는 공간은 실질적으로 건물 용적률의 10퍼센트도 차지하지 않는 경우가 많다.

뒤에서 다시 언급하겠지만, 최근 등장하고 있는 공유 사무실이나 공유 주택은 모두 이런 방식을 차용하고 있다. 영미권에서 인기를 끌고 있는 공유 주택인 올드오크나 위리브 같은 건물의 특징은 공유 공간을 최대한 화려하게 만들어 눈길을 끌고 있지만 실제로 건물 용적률의 대부분을 차지하는 공간인 숙소는 매우 비좁다는 점, 즉 최소한의 수준으로 꾸며 놓는다는 점이다. 개개인이 지불하는 비용이 N분의 1씩 모여 화려한 공유 공간을 만들어 내고 심리적 만족감을 이끌어 낸다는 점에서 호텔과 크게 다르지 않다. 인간은 작은 심리적 장치에도 손쉽게 속아 넘어간다.

백화점 역시 공유 사무실, 공유 주택과 비슷한 모델이다. 백화점에 들어와 있는 매장은 각각이 독립된 자영업자이지만, 백화점이라는 플랫폼이 원하는 기준에 따라 입점 여부가 결정되고, 할인 기간 등과 같은 운영 방식 역시 백화점 주도하에 이루어진다. 매장들이 낸 월세를 바탕으로 백화점이 운영되며, 대규모 주차장과 옥상 정원처럼 손님들을 유혹하는 이른바 공유 공간도 설치할 수 있다.

대중목욕탕은 또 어떤가. 개인이 자기 집 안에 뜨거운 탕을 들여놓는다고 생각해 보라. 소금탕, 한방쑥탕, 폭포탕 같은 다양한 욕탕을 집 안에 들여놓고 유지·관리하려면 엄청난 돈이 들어갈 것이다. 하지만 공유경제는 이 욕구를 해소해 준다. 보통 부자가 아니고서는 즐길 수 없는 이 다양한 편의 시설(amenity)을 우리는 8000원 정도의 돈을 내면 얼마든지 이용할 수 있다. 역시 N분의 1씩 돈이 모이는 공유경제의 원리가 작동하기 때문이다. 또한 목욕탕을 찾는 사람들이 적다면 사실 그 많은 뜨거운 탕을 이용하기도 어려울 것이다. 공유경제에 참여하는 사람이 많으면 많을수록 목욕탕은 더 다양한 종류의 탕을 손님들에게 서비스로 제공할 수 있다.

우체국 역시 공유경제 모델 중 하나다. 직접 편지를 보낸다면 비용이 너무나 많이 들지만, 같은 동네 사람들의 편지를 모아 재분류한 뒤 다시 수신처가 같은 동네 사람들을 모아 한꺼번에 배달하면 굉장히 비용 효율적이다. 전화와 이메일, 카카오톡이 일상화된 지금, 우체국이 사라지는 것은 바로 편지를 보내는 사람들, 즉 N분의 1 경제에 참여하는 사람들이 크게 줄어들었기 때문이다.

대중교통 역시 대표적인 공유경제 모델이다. 지하철이라는 엄청난 인프라가 작동하기 위해 필요한 돈은 그 인프라가 설치되어 있는 도시의 밀집도에 따라 충당될 수도, 그렇지 않을 수도 있다. 전철 노선을 확정하기 전에 반드시 수요 예측을 하는 것은 바로 이 때문이다.

아파트 단지는 어떤가. 아파트 단지가 크면 클수록 집값이 비싼 이유는 큰 단지일수록 공유 시설이 좋기 때문이다. N분의 1씩 수요가 늘어나, 대단지 아파트는 그 안에 초등학교까지 품는다. 자녀를 초등학교에 보내는 부모로서는 단지를 벗어나지 않고 걸어서 학교를 보내는 편익을 누리려 할 것이다.

우리는 이미 자본주의 속에서 공유경제의 개념을 적극적으로 차용하고 있었음을 알 수 있다. 이런 사례들을 통해 공유경제에 대한 인식을 확장하면 공유경제를 좀 더 잘 이해할 수 있다. 공유경제는 그다지 새로운 것이 아니다. 그저 이와 같은 N분의 1 경제 논리일 뿐이다. 저성장 시대라는 외부 환경과 스마트폰의 강력한 기술적 토대를 바탕으로 자원 이용 극대화라는 측면이 강조되고 있다는 것이 과거와 다른 점이다. 더욱이 글로벌 플랫폼은 더 효율적이고 빠르게, 전 세계인들이 한꺼번에 참여할 수 있는 규모를 만들어 주었다.

자, 이제 여기에서 공유경제가 무엇인지 다시 한번 정의해 보자. 공유경제는 간단히 말해, 인터넷 플랫폼을 이용해 사용자를 모집하여 남는 자원의 활용을 극대화하는 방식이다. 이런 방식을 차용한 시스템에는 목욕탕과 우체국 등 전통적인 사업자들도 포함될 수 있지만, 최근 나타나는 공유경제 시스템은 인터넷 플랫폼을 이용한다는 점에서 크게 다르다. 인터넷 플랫폼을 통해 수많은 사람들이 모일 수 있고, 이를 바탕으로 독특한 취향을 지닌 사람들을 한데 모아 산업화할 수 있게 되었다. 수많은 사람이 모이니 독특한 취향을 가진 사람들도 꽤나 많기 때문이다.

공유경제가 무엇인지 정확히 이해하는 것은 매우 중요하다. 많은 사람이 공유경제를 오해한다. 대표적인 오해가 바로 공유경제는 곧 '착한' 경제라는 등식이다. 공유경제를 사회적 경제와 같은 것으로 오해하는 순간, 경제적 이익을 동력으로 하는 수많은 공유경제 산업이 힘을 잃는다. 결코 그 의도가 착해 보이지 않는다. 그렇게 될 경우 우리는 공유경제를 매우 협소하게 정의하게 될 것이고, 자본이득을 중심으로 참여자들을 유인하는 경제 시스템이 대부분 배제될

공산이 크다. 그렇게 되면 이 분야의 산업은 성장할 수 없다. 공유경제는 산업의 특징상 기존 자원을 활용하기 때문에 친환경적인 결과물이 나오고, 한 자원을 여러 명이 나눠 쓰다 보니 서로 간에 예의를 지키는 등 좋은 문화가 만들어지는데, 결과적으로 그 순기능의 상당수를 경험해 보지도 못한 채 배제하게 될 것이다.

공유경제에 대한 명확한 이해는 도시에 대한 이해도를 좀 더 높여 주는 측면도 있다. 도시는 그 자체로 공유 공간이다. 세금이라는 비용이 투입된 공유재다. 자, 우리는 도시에 살고 있는 많은 개개인을 위해 공유 공간을 어떻게 배치하고 운영해야 하는가? 공유경제에 대한 인식 확장은 인프라의 투입, 공원이나 체육관·도서관 같은 공공 자원의 배치, 공공 공간의 효과적인 배분 등을 다시 한번 고민하는 계기가 된다.

집 앞마당과 같은 사적 공유 공간의 사용법도 다시 개발되어야 할 때다. 서로 모여서 높은 밀도를 이루는 도시의 본질을 우리는 제대로 활용하고 있는가? 우리는 서로 우연히 만나 대화를 나누다 '유레카'를 외치는 도시적 혁신을 만들어 가고 있는가? 도시의 본질적인 장점을 제대로 활용하지 못하고 있다면, 우리는 어떻게 해야 할 것인가? 나는 이 질문들을 공유경제와 도시라는 담론 속에 전부 담아낼 수 있을 것이라고 생각한다.

더욱이 공유경제는 기본적으로 도시적 담론에서 떼려야 뗄 수 없는 문제라는 점도 강조하고 싶다. 공유경제는 도시에서 살고 있는 수많은 사람의 삶의 질과 관계되어 있는 중요한 테마다. 새로운 것을 이야기하는 것 같지만, 모더니즘으로 황폐화된 도시의 건조함 속에서 우리는 이제 다시 한번 도시의 본질에 대해 질문할 수 있는 기회를 얻은 것인지도 모른다.

저성장 시대에 적응한 자본주의

공유경제란 앞에서 설명했듯이, 'N분의 1 경제'다. 시장 참여자들이 각자 자신의 투자금을 N분의 1씩 모아 혼자서는 얻을 수 없는 서비스를 얻는 것이 바로 공유경제의 본질이다. 호텔이나 우편 서비스, 목욕탕 등이 전부 이와 같은 특징을 갖는다.

사실 이런 특징은 새로운 것이 아니다. 모든 자본주의 시스템이 비슷한 측면을 가지고 있다. 특히 성장의 시대 이전, 빈곤의 시대의 특징을 찾아보면 더욱 이해하기가 쉽다. 저성장 이전의 성장하던 시기, 그리고 그 이전 우리 삶의 모습은 어떠했나? 그것은 현재 등장하는 공유경제를 이해하는 데 큰 도움을 줄 것이다. 당시 우리의 자원 이용 방식에 현재 등장하는 공유경제에 대한 힌트가 있다.

영국의 저명한 사회학자 리처드 세넷(Richard Sennett)이 1970년에 출간한 《무질서의 효용(The Uses of Disorder)》*을 보면, 개발 시대 이전과 이후의 모습을 대비하며 쉽게 이해할 수 있다. 세넷이 책을 쓴 1960~70년대는 영국 역시 빈곤에서 벗어나 '부'를 쌓던 시대였다. 그는 이 시대가 빚어내는 현실에 대한 안타까움을 책에서 내비쳤다. 빈곤의 시대를 지나 부를 쌓은 도시인들이 서로를 경제적 지위에 따라 구분하고, 인종과 민족에 따라 지리적으로 구분하기 시작했다는 것이다. 또 주택과 상점이 결합되어 있는 모습에 대해 사람들이 "눈에 거슬린다"며 분리하기 시작했다고도 설명했다.

여러 사람이 섞여 살며 다양한 삶을 영위하던 시대는 점차 개인화·파편화하기 시작했다. 돈이 늘어나면 개개인이 자신의 프라이버시를 우선시하는 현상이 나타난다. 돈을 벌어 자기 집을 사고, 자기 차를 사며, 자녀 교육에 더욱 신경을 쓴다. 먹고사는 일을 넘어선 이들은 개발과 성장의 시대를 맞아 서서히 파편화되었다. 개개인의 '구분 짓기'는 여기에서 비롯했다.

구분 짓기는 개개인 서로가 상대를 구분하는 면도 강했지만, 자신과 동류의 무리와는 뭉치는 길을 택했다. 개발 시대를 거치면서 세넷이 언급한 '정체성'은 지역마다 강화되어 왔다. 한국 역시 다르지

● 《무질서의 효용》, 리처드 세넷, 유강은 옮김, 다시봄, 2014.

않았다. 아파트 단지는 그 삼엄하게 둘러쳐져 있는 드넓은 담장으로 외부와의 단절을 꾀했다. 아파트 담장 바깥 쪽은 빈곤의 상징이다. 그들은 빈곤을 넘어서 개발을 이루었고, 아파트라는 성을 쌓아 개발되기 이전, 즉 과거의 아픔으로부터 멀어졌다. 담장은 필수였다.

강남 같은 지역이 '일관성을 향한 욕망'이 결집하는 공간으로서 정체성을 갖게 되면서 도시 지역을 경제 수준에 따라 지리적으로 구분할 수 있게 되었다. 옛 도시 지형 구조 안에서 작은 집들이 흐르듯 자리 잡아 주거와 상업(점포) 등이 결합된 채 하나의 생활권을 형성했던 과거와는 다르다.

사람들은 개발되지 않은 지역과 담장으로 분리하고, 개개인들끼리도 철문을 달아 프라이버시를 강조해 왔다. 이것은 성장하는 시기의 당연한 모습일지도 모른다. 프라이버시를 추구할 만큼 충분한 돈이 있었기 때문이다. 미국의 경우, '도시 스프롤 현상(urban sprawl)'이 바로 이런 모습이라 할 수 있다. 도심지의 직장에서 일을 한 뒤 자신의 차를 타고 집으로 향한다. 교외의 마당이 있는 집에서 단란한 가족을 꾸리는 모습. 성장하는 시대에는 프라이버시가 더 중요했다.

"금전적 자원이 충분한 공동체는 경계와 내부 구성을 실질적으로 통제할 수 있다. 도시의 오래된 구역이 복잡한 것은 다름 아

공유 시대는 과거 빈곤의 시대와 마찬가지로 프라이버시 대신 공유를 '어쩔 수 없이' 선택하게
만든다.

나라 어느 한 집단도 자신을 보호할 만큼의 경제적 자원이 없기 때문이다. 브라운스톤 건물에 사는 사람들은 한 집에 가족 모두가 살면서 한 가족 집단 외부의 영향력으로부터 주택을 보호할 만한 돈이 없었다. 이런 주거 생활은 상업으로부터도 보호될 수 없었다. 사람들은 도시의 빌딩들 1층에 자리 잡은 시끄러운 술집과 상점에서 벗어나기를 원했겠지만 그럴 수 없었다. 다른 데로 이사를 갈 만한 돈이 없었기 때문이다. 적어도 역사적으로 보면, 도시에서 결핍의 경제는 공동체 문제에서의 일관성이라는 신화에 도전했다. 사람들은 자신의 욕망을 실현할 만한 돈이 없었다."●

사람들은 빈곤의 시대에 욕망을 억눌렀으나, 성장하던 시기에는

● 《무질서의 효용》, 리처드 세넷, 유강은 옮김, 다시봄, 2014, 82쪽.

'욕망을 실현할 만한 돈'을 마련할 수 있었다. 그래서 사람들은 프라이버시라는 욕망을 향해 달려갔다.

하지만 이 '구분 짓기'가 최근 들어 허물어지고 있다. 2000년대 후반 조용히 찾아온 저성장 시대에 의해서다. 부유한 도시는 다시 빈곤의 시대로 회귀한다. 그리고 그것은 세넷이 설명하는 이른바 '빈곤의 시대'와 크게 다르지 않을지도 모른다.

> "미국 도시의 흑인 게토를 방문하는 사람들은 종종 진공청소기 같은 부족한 기구나 심지어 식품 같은 생필품을 공유하는 일에 관해 언급한다. 하지만 역사적으로 보면, 이와 같은 공동체의 공유는 많은 다양한 도시 구역의 특징이었으며, 사람들은 공유를 통해 하나로 결합하고 직접 사회적인 접촉을 할 수밖에 없었다. 서로 공유하는 편의와 기술, 소유물 등은 구체적인 공동체 활동을 위한 구심점 역할을 했다."*

세넷은 이 공동체적 양태가 풍요의 시대에 접어들며 사라지고 말았다고 지적한다.

* 　같은 책, 83쪽.

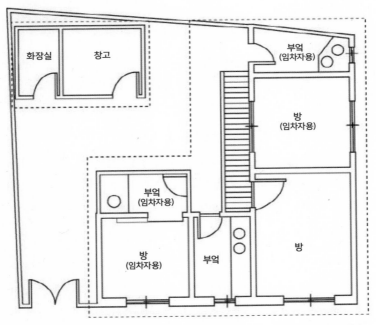

1960~70년대 저소득층이 거주하는 달동네 가옥의 평면도. 부엌은 세대별로 구분되어 있지만, 화장실은 공동으로 이용해야 했다. 최근 등장하고 있는 공유주택의 모습과 크게 달라 보이지 않는다. (자료: 국사편찬위원회 우리역사넷, http://contents.history.go.kr/front/km/view.do?levelId=km_013_0060_0030_0040)

"이런 공유의 필요성이 사라진 것이야말로 풍요의 증거이다. 이제 가정마다 진공청소기뿐만 아니라 냄비와 프라이팬 세트, 자동차, 수도, 전열기 등이 있다. 그리하여 이제 풍요의 공동체에서는 사회적인 상호작용의 필요성, 즉 공유의 필요성이 원동력이 되지 못한다. 사람들은 각자의 독립적이고 자급적인 가정으로 들어가 버린다. 결국 공동체의 감정, 즉 어떤 식으로든 관계를 맺고 결합되어 있다는 감정이 과거에 공동체 경험을 줬던 지역으로부터 단절된다."•

이제 이 말을 뒤집어 보라. 바로 최근 최첨단을 달리고 있는 공유경제의 시대와 크게 다르지 않다. 세넷이 기술한 빈곤의 모습은 공유경제의 시대와 일맥상통한다. 프라이버시가 더 좋지만, 당장 집에 깔려 있는 돈을 생각하면 에어비앤비와 같은 숙박 공유 서비스를 활용하려는 동기가 생길 수밖에 없다. 당연히 자동차를 혼자 깨끗하게 이용하고 싶겠지만, 하루 종일 주차장 안에서 쉬고 있는 차를 생각하면 본전 생각이 날 수밖에 없다. 당연히 나 혼자 넓은 집에서 살면 더 편리하겠지만, 주거비 지출을 줄여야 하겠기에 공유주택을 이용할 수밖에 없다. 바로 이러한 상황이 지금 확산되고 있다.

• 　같은 책, 83쪽.

높은 문화적 소양과
스마트폰의 등장

물론 과거 빈곤의 시대와는 다른 것이 있다. 바로 문화다. 이미 국민소득이 3만 달러에 근접한 한국이나 다른 선진국 사람들은 개발시대 때 열심히 드높였던 문화적 자산을 토대로, 어찌 보면 안타까울 수도 있는 이 같은 상황을 새로운 문화로 덮어 씌우며 트렌드로 만들어 냈다. 세넷이 책 제목에서 말했듯이, '무질서'가 가진 효용을 극대화하는 문화다. 공동체가 부활하고, 자원을 공유하면서 자연스럽게 다른 사람들과의 교류가 확대되기 시작했다. 단순한 당위론으로 등장하는 것이 아니라 하나의 상품으로 시장에서 소비된다.

사람들이 굳이 에어비앤비를 이용해 여행을 떠나려는 것은 단지 가격이 싸기 때문만은 아니다. 숙소를 운영하는 에어비앤비 호스트와의 교류와 거기서 얻는 따뜻함을 갈구하기도 한다. 사람들이 공유 사무실을 이용하려는 이유 역시 마찬가지다. 단지 값이 싸서라기보다 자신과 비슷한 고민을 하는 다른 회사 직원들과 다양한 교류를 추구하기 때문이다.

또한 최근 등장하는 공유경제의 특징은 스마트폰에서 나온다. 수많은 개인이 손에 들고 있는 스마트폰은 과거의 공유경제를 완전히 다른 모습으로 바꿔 놓았다. 스마트폰을 바탕으로 한 플랫폼은 시장에 참여할 수 있는 무수히 많은 개인을 등장시켰고, 실시간으로 참여할 수 있게 도와주었다. 아룬 순다라라잔(Arun Sundararajan) 뉴욕대학교 교수도 이와 비슷하게 설명한다.

"완전히 '새로운' 활동처럼 보였던 것이 결국은 과거에 존재했던 활동과 본질적인 차이가 없다고 한다면 새로운 것을 발견한 듯 호들갑을 떨며 흥분할 '이유'가 어디에 있는가? 하지만 공유경제 에는 그렇게 흥분(?)할 이유가 있다. 첫 번째 이유는 '방식의 새로움'에서 찾을 수 있다."●

이제 스마트폰만 있다면 개인도 무대에 올라설 수 있다. 자본력이 충분한 대기업이 아니더라도 자원을 한곳에 모아 배분할 방법을 얻을 수 있게 되었다. 쉽게 말해 힐튼호텔은 영업을 하기 위해 땅을 준비해야 했고, 건물을 지어야 했으며, 스태프를 고용하고 침대와 각종 가구를 구매해야 했다.●● 반면 지금은 개인이 스마트폰으

● 《4차 산업혁명 시대의 공유경제(The Sharing Economy)》, 아룬 순다라라잔, 이은주 옮김, 교보문고, 2018, 19쪽.
●● "The Sharing Economy and Sustainability: A case for Airbnb," *Small Business Institute Journal* Vol 13, No 2, Chelsea Midgett, Joshua Bendickson, Jeffrey Muldoon, Shelby Solomon, 2017.

로 앱을 만들어 주택을 가진 사람들을 한데 모아 소비자들에게 한꺼번에 보여줄 수 있게 되었다.

빈곤의 시대와 저성장의 시대를 동일하게 관통하는 공유경제의 문법은 '문화'와 '스마트폰'이라는 두 단어로 차별성을 갖는다. 이를 토대로 공유경제를 정의해 보면 다음과 같다. 공유경제는 저성장이라는 외부 환경을 맞닥뜨린 자본주의가 새롭게 적응한 한 형태이며, (1) 기본적으로 N분의 1 경제로서 많은 사람이 모여 비용을 조금씩 지불하고 시장 참여자들과 자원을 공유하여 서비스를 얻는 특징을 지니고 있다. 여기에 더해 (2) 스마트폰을 바탕으로 거래가 이루어져 개개인이 시장의 주도권을 쥘 기회를 얻을 수 있으며, (3) 시장 참여자들의 자존감을 지킬 수 있는 문화적 포장지를 덧씌운 것이다.

저성장으로 인해 도시는 혼재되고 있다. 우리가 서로를 구분 짓고 프라이버시를 강조하던 성장의 시대와는 상황이 달라졌다. 주거와 상업 등으로 명쾌하게 구분되어 있던 도시는 이제 주택과 사무실, 카페, 음식점, 관광객을 위한 숙소 등이 한곳에 모이며 새로운 문화를 만들어 내고 있다.

자동차를 소유하지 않고 원격 근무를 하는 젊은이들은 집 근처를 걸어 다니며 도시의 어버니티(Urbanity, 다양성을 가진 도시적 매력)를 즐긴다. 전통적인 도시계획가 입장에서는 매우 혼란스럽고 '무질서'

해 보일 수도 있지만 개발 시대를 회상하며 우리가 그토록 찾으려 했던 공동체가 부활하고, 그 공동체에 의한 자치가 확산되며, 작은 마을에 기반한 골목 상권이 활성화되는 현상으로 이어진다. 이는 과연 전통적 도시계획을 잣대로 이를 '무질서'라 규정하는 것이 맞는지 되묻게 만든다. 빈곤과 성장의 시대를 모두 경험해 본 우리는 이 같은 '무질서'를 세련되게 소화할 수 있는 문화적 역량을 갖추게 되었다. 이제 성장의 시대에 만들어 놓은 도시계획 체계를 넘어서, 공유 경제가 촉발한 용도 혼합의 시대를 맞이해 새로운 도시계획의 철학을 세워야 할 때가 도래했다. 그 새로운 철학이 바로 '팝업시티'다.

2

공유경제는
사회적 편익을 높인다

66 훌륭한 공원에 쉽게 찾아갈 수 있다면, 집에 마당이 있을 필요가 없다.
귀한 작품을 볼 수 있는 미술관이 집 근처에 있다면,
체육관이 근처에 있다면, 자녀를 마음 놓고 보낼 수 있는
좋은 학교가 주변에 있다면? 접근권이야말로 진정한 복지다.
도시에서 접근성 높은 공공 자원의 존재는 개인이 소유하는 공간을 줄이고
공유를 확산시킬 수 있다. 99

공유경제는 '파괴자'인가,
'구원자'인가

공유경제는 세상에 도움이 될까? 수많은 학자가 공유경제라는 새로운 물결을 처음 직면할 때 반드시 묻는 질문이다. 공유경제라는 새로운 시스템이 등장하면 기존 시스템은 파괴적인 영향에 직면할 수밖에 없다. 그에 따라 기존 산업이 크게 영향을 받을 수도 있다. 그렇다면 우리는 이 같은 파괴적 결과를 유발할 수도 있는 새 시스템을 받아들여야만 하는가?

우리는 이 손해를 감수하고서라도 받아들여야 할 정도로 새 시스템이 가치 있는지 질문하고, 답을 얻어야 한다. 따라서 공유경제에 대해 이야기하려면 제일 먼저 필요한 질문이 바로 이것이다. '공

공유경제는 사회적 편익을 높일 것인가? 우리는 공유경제를 받아들이기 전에 먼저 이 질문에 대한 답부터 해야 한다. (사진: 에어비앤비)

유경제를 도입하면 사회적 편익이 높아지나?'

공유경제가 사회적 편익을 더해 준다면 기존 시스템이 파괴된다 하더라도 공유경제 진흥에 나서야 하는 것이고, 반대로 사회적 편익이 덜하다면 기존 시스템 보호에 나서야 하기 때문이다.

지리학과 컴퓨터를 전공한 학자들 역시 같은 궁금증을 가졌다. 이들은 해답을 찾기 위해 우선 연구 대상을 좁혀 질문을 간소화했다. 이 논문의 연구 대상은 공유경제의 대표 기업 중 하나인 에어비앤비다. 현재 가장 대표적인 공유경제 플랫폼이라는 점 때문이다.

이들은 이렇게 질문을 던졌다. '에어비앤비라는 공유경제는 누구에게 이익을 줄까?'

영국 유니버시티 칼리지 런던(University College London, UCL) 지리학과의 조반니 쿼트런(Giovanni Quattrone)을 비롯해 지리·컴퓨터학과 소속 저자 다섯 명이 2016년 발표한 논문 제목이기도 한 이 글●은 영국 런던에서 에어비앤비 숙소가 지리적·시계열적으로 어떻게 증가하는지 보여주었다.

2012년 3월부터 2015년 6월까지 런던에 있는 1만 4639명의 호스트(빈방을 빌려주는 사람), 1만 7825개의 숙소, 22만 75명의 게스트 리뷰 등의 데이터를 바탕으로 1제곱킬로미터 크기의 격자 규모로 지리 정보를 쪼갰고, 각 격자에 따라 연령대나 교육 정도 같은 사회적 요소도 함께 분석했다.

결과는 어땠을까? 시간에 따른 변화 양상을 살펴보니, 에어비앤비는 2012년에 우선 런던 도심에서 시작되었다. 에어비앤비는 도입 초기에 주로 젊고 인종적으로도 다양한 거주민들이 살고 있는 동네의 중심지에서 자리를 잡는다. 이들의 특징을 찾기 위해 고용 여

● Giovanni Quattrone, Davide Proserpio, Daniele Quercia, Licia Capra, Mirco Musolesi, "Who Benefits from the "Sharing" Economy of Airbnb?," International World Wide Web Conference Committee(IW3C2), 2016, http://www.ucl.ac.uk/~ucfamus/papers/www16_airbnb.pdf.

부를 확인해 보니 고용과 반비례하는 양상을 보였다. 이를 근거로 저자는 에어비앤비 도입 초기에 진입한 호스트를 주로 젊고 인종적으로 다양한 학생층으로 추정했다.

2013년에 2단계로 접어들면서 에어비앤비는 젊고 기술 친화적인 사람들이 있는 곳에서만 등장하던 기존의 패턴을 뛰어넘는다. 2014~2015년에는 2013년의 트렌드가 지속되면서도 수입이 적고 임차인이 많은 지역에 에어비앤비 숙소가 많아지는 경향이 뚜렷하게 나타났다. 다시 말해, 도심 외곽에 거주해서 관광의 혜택을 받지 못하던 사람들이 에어비앤비의 혜택을 받게 되었다는 뜻이다. 에어비앤비는 이때부터 경제적으로 곤란한 사람들을 돕는다.

요약하면 초기에는 에어비앤비가 도시 중심지로 쏠리는 경향을 보였지만, 해가 갈수록 그 경향성이 옅어지면서 주변부로 퍼지기 시작하고 점점 부수입을 필요로 하는 에어비앤비 호스트가 늘어났다. 개인과 개인을 연결해 주는 P2P 플랫폼이 등장한 이후 개인들도 얼마든지 손쉽게 사업을 영위할 수 있게 되었다. 마치 유튜브 등장 이후 개인이 손쉽게 방송을 하고 얼마든지 스타가 될 기회를 잡을 수 있게 된 것처럼, 에어비앤비 등장 이후에는 소규모 숙박업을 영위할 수 있는 자영업자가 무수히 등장하게 되었다. 에어비앤비 플랫폼은 이를 가능케 한 발판이다.

대기업 집단 한 곳이 돈을 버는 것과 개개인이 돈을 버는 것은 엄연히 차이가 있다. 대기업이 돈을 버는 경우, 노동자에게 임금을 준 뒤에도 잉여소득이 많이 남는다면 국가가 개입해 세금을 부과한다. 이는 사회로 재분배하는 효과를 기대하면서 벌이는 일이자, 국가의 존재 이유이기도 하다. 그런데 개개인이 소득을 올리는 분산형 시스템에서는 양상이 달라진다. 대기업 대신 수많은 소규모 자영업자가 서비스를 제공해 소득이 창출된다면, 소득 창출 시점부터 이미 재분배 효과를 갖게 된다. 이것이 바로 경제민주화다. 그래서 에어비앤비는 공식적으로● "이익의 민주화(Democratizing revenue)"를 통해 공유경제가 "자본주의를 민주화(Democratizing Capitalism)"하는 데 도움을 준다고 강조한다. 런던에서 도심지 외곽으로 에어비앤비가 자리를 잡으면서 관광의 혜택을 받지 못하던 곳이 관광으로 소득을 올릴 수 있는 상황이 되어 "관광의 민주화(Democratizing Travel)"가 이뤄질 수 있게 된다는 것도 같은 맥락에 따른 것이다.

앞에서 언급했듯이, 공유경제가 등장한 뒤 많은 연구자가 일단 소비자 후생 효과가 큰지를 따진다. 과연 공유경제라는 새로운 경제 체계가 도입되면 사회 전체적으로 이득이 될 것인지가 중요한 관

● Airbnb Policy Tool Chest, https://www.airbnbcitizen.com/airbnb-policy-tool-chest/.

심사다. 이는 사회가 공유경제를 받아들일지를 판단하는 관문이 되기 때문이다. 한국개발연구원(Korea Developement Institute, KDI) 역시 연구보고서 《공유경제에 대한 경제학적 분석》 서두에서 이 같은 내용의 답을 얻을 수 있는 설문조사 내용을 내놓았다. 보고서에 따르면, 한국의 주요 경제학자 200명을 대상으로 공유경제의 확산이 소비자에게 또는 사회 전체적으로 이득이 된다는 주장에 대해 어떻게 생각하는지 질문했는데, 각각 94퍼센트(소비자 이득), 93.5퍼센트(사회 전체 이득)의 경제학자가 사회 후생 증진에 기여한다고 응답했다. 이 보고서는 "(설문조사) 응답 결과는 대부분의 경제학자가 소비자 후생의 증가폭이 기존 공급자의 후생 감소폭과 사회적 비용의 합보다 크다고 예상한다는 의미라고 볼 수 있다"고 설명했다.●

공유경제는
'착한' 도시를 만든다

앞서 언급했듯이, 공유경제에 대한 가장 큰 오해는 공유경제가 그

● 《공유경제에 대한 경제학적 분석: 기대효과와 우려요인 및 정책적 함의》, 김민정, 한국개발연구원(KDI), 2016.

자체로 선한 의지로 작동되는 경제 모델이라고 생각하는 것이다. 그래서 많은 사람은 공유경제가 가진 자본주의적 특성을 발견할 때마다 "그게 어떻게 공유경제냐"라며 과도하게 반응한다. 하지만 공유경제는 그저 저성장 시대, 공급이 수요를 초과하는 시대에 적합하게 설계된 자본주의일 뿐이다. 그런데 공유경제는 분명히 선한 결과를 불러올 때가 많다. 이것은 다분히 결과론적인 것이며, 의도와는 다른 것이다. 의도한 것이 아닌데, 공유경제가 선한 결과를 불러오는 경우가 많은 이유는 무엇일까?

그것은 바로 저성장 시대의 특징에 따른 결과이기 때문이다. 이에 대해 이야기하기에 앞서 개발 시대를 돌이켜 보자. 고용이 늘고 빠르게 성장하던 시대, 농업이 기계화되면서 농촌의 일자리는 사라지는 동시에 제2차 산업 시대의 도래로 도시에 제조업을 중심으로 일자리가 크게 늘어나던 시대다. 생산성 향상과 함께 도시에 사람들이 몰리다 보니 항상 공급이 부족했다. 아무런 디자인도 가미되지 않은 빌라와 같은 상품이 나오더라도 집이 부족하다 보니 항상 분양에 성공했다. 상품 공급이 부족하다 보니, 제조업이 빠르게 발달하고 관련 분야의 고용이 크게 증가했다. 일자리를 얻고 소득이 생긴 도시인들은 소비를 빠르게 늘리기 시작했다. 소비가 늘어나면 제조업은 신나게 생산하고 경제는 더욱 발전했다. '소비는 미덕'이 되었다. 자연스럽게 과소비 풍조가 생기고, 그에 따른 쓰레기 문제,

환경문제 등 외부효과가 나타날 수밖에 없었다.

하지만 저성장 시대에 접어들면서 이런 현상은 자연스럽게 줄어들었다. 일단 저성장으로 소비 여력이 줄었고, 공급을 늘려 보았자 소비가 이루어지지 않다 보니 기존에 이미 가지고 있는 자원을 다시 활용하는 데 집중하게 되었다. 효율을 중시하는 자본주의의 특성이 저성장 시대에 적합하게 작동하기 시작한 것이다. 그런데 이 결과는 자연히 과소비 대신 재활용을 부흥하고, 그것은 결과적으로 친환경적인 효과를 내놓을 수 있게 되었다.

레이철 보츠먼(Rachel Botsman)은 《위 제너레이션(What's mine is yours)》에서 소비 만능주의를 비판하며 이렇게 말했다. "우리는 노트북을 구입해서 평균 2년가량 사용하고 버린다. 노트북 1대를 만드는 과정에서 발생하는 쓰레기 양은 노트북 무게의 4000배에 이른다."• 미국의 경제학자 소스타인 번드 베블런(Thorstein Bunde Veblen)은 1899년 과시적 소비(conspicuous consumption)라는 용어를 내놓았는데, 공유경제의 시대는 태생적으로 이 같은 과시적 소비와 반대의 길을 걷게 만든 것이다.

2014년 《서비스경영학회지》에 실린 논문 〈공유경제와 사회적기업: 우주 사례〉에서 라준영은 이렇게 주장했다. "자원 공유 비즈니

• 《위 제너레이션》, 레이철 보츠먼·루 로저스, 이은진 옮김, 모멘텀, 2011, 31쪽.

스의 경우 자원을 대여하는 사람은 유휴 자원을 활용하여 경제적 소득이 증가하고, 이용하는 사람은 비용을 절약하면서도 소비자 효용이 증대되며, 사회 전체적으로는 자원 생산성을 높여 자원을 절약하고 추가 생산에 따르는 각종 환경문제의 해소를 가져올 수 있다. 따라서 공유경제 원리는 사회문제 해결을 목표로 하는 사회적 기업의 비즈니스 모델로 활용될 수 있다."•

에어비앤비에 호스트로 등록한 개인은 유휴 자산을 활용해 소득을 얻는다. 예를 하나 들어보자. 한 20대 호스트는 이태원에서 자취를 한다. 이태원은 임대료가 비싸지만, 그는 오히려 그중에서도 더 비싼 집을 구했다. 방 3개에 월세 100만 원이다. 방 2개는 에어비앤비로 외국인 친구들을 받았고, 매달 평균 수입이 100만 원 정도 된다. 이렇게 공유로 청년 주거 문제를 해결하는 사례는 이 외에도 많다. 더욱이 세계를 무대로 외국인들과 교류하고 싶어 하는 청년들의 욕구를 풀어 준다. 최근 '외사친(외국인 사람 친구)'이라는 단어가 유행할 정도로 외국인과 교류하고 싶어 하는 청년들의 욕구가 어느 때보다 높다. 에어비앤비는 이 네트워크와 경험의 욕구를 해소해 준다. 호스트들은 서로 다른 나라의 문화를 알리고 배우며,

•   라준영, 〈공유경제와 사회적기업: 우주 사례〉, 《서비스경영학회지》 제15권 제4호, 2014년 11월, 111쪽.

2 공유경제는 사회적 편익을 높인다 ───── 55

민간 외교관 구실을 하기도 한다.

일자리 문제에 대해서도 에어비앤비는 긍정적인 사회적 역할을 하고 있다. 2016년 한 해 동안 여행객을 한 번이라도 받은 호스트는 총 9800명으로 2015년의 5300명에 견주어 4500명이 늘었다. 호스트가 되면 수입(2016년 한 해 호스트 수입을 일렬로 늘어세웠을 때 중간에 위치한 값, 연 400만 원)을 벌어들이게 되어 사실상 일자리와 다름없는 구실을 한다. 2016년 한 해 동안 에어비앤비가 신규 일자리를 4500개 만들어 낸 셈이다. 에어비앤비를 직업처럼 활용하는 사례는 최근 점점 늘고 있다. 에어비앤비 데이터를 활용한 컨설팅 업체 NERA의 연구에 따르면, 에어비앤비는 2016년 전 세계적으로 73만 개의 일자리를 창출했다.•

그뿐 아니라 에어비앤비는 수많은 파생 산업을 확산시킨다. 미국과 유럽 등지에서는 이미 에어비앤비 호스트를 지원해 주는 업체가 수없이 생겨나고 있다. 침대보 빨래나 청소를 대행해 준다든가 교통 서비스를 제공하는 등 지역 기반의 작은 업체들이 생겨나면서 일자리가 크게 확대된다. 스마트폰을 어려워하는 특정 마을의 어르신 호스트 여럿을 도우며 동네 프로그램과 연계시키는 청년 창업

• http://www.nera.com/content/dam/nera/publications/2017/NERA_Airbnb_Report_2017_03_13_final_revised.pdf.

가들도 늘어날 수 있다.

에어비앤비는 관광형 도시재생에 최적화된 수단이기도 하다. 인 프라 투자 없이 농촌이나 쇠퇴한 동네에 외국인이 찾을 수 있는 '관 문'을 열어 주어 경제적 활력을 제공할 수 있다. 고령화로 쇠퇴하는 일본의 요시노라는 마을 주민들은 에어비앤비를 활용해 관광객을 끌어들이고 있다.

숙박 공유는 올림픽 등 대형 이벤트가 있을 때 대안으로 활용되 기도 한다. 1회성 이벤트를 위해 빌딩을 짓게 되면 이벤트가 끝난 뒤 공실 등으로 자원 낭비와 환경 악화 등의 부작용이 나타날 가 능성이 높다. 하지만 에어비앤비는 다르다. 잘 이용하지 않던 자원 을 더 쉽게 활용할 수 있게 해줘 효율을 극대화하며, 행사가 끝난 뒤 나타날 수 있는 공실 문제에 대한 우려도 없다. 세계관광기구 (UNWTO)는 2017년 낸 보고서에서 "(에어비앤비와 같은 숙박 공유의 확대 가) 좀 더 효율적이고 지속 가능한 방식을 원하는 식으로 변화한 관 광 수요를 충족시켜 주고 있다"•고 설명했다.

2008년 설립된 뒤 에어비앤비는 프란치스코 교황 방문(필라델피 아), 리우 올림픽(브라질 리우데자네이루) 등의 대형 행사가 벌어질 때 마다 지자체들과 협력하며 숙소 문제에 대한 해법을 제시해 왔다.

•   https://www.e-unwto.org/doi/pdf/10.18111/9789284419111.

에어비앤비 호스트는 지역 행사 때 자신의 집을 빠르게 숙소로 전환해 소득을 올릴 수 있다.
(그림: 에어비앤비)

2017년 8월 미국에서 벌어졌던 개기일식 우주쇼 때는 70마일(112.6 킬로미터)에 이르는 '개기일식 통과선'에 위치한 도시에 사람들이 모였고, 수만 명의 관광객이 에어비앤비가 제공하는 독특한 숙박 기회를 경험했다. 당시 5만 2000명의 게스트가 에어비앤비를 이용했으며, 호스트들에게 1100만 달러의 수입을 안겨 주었다. 수입을 얻은 호스트 중 개기일식을 계기로 자신의 집을 숙소로 내놓은 호스트는 49퍼센트에 달했다.

유럽의 에어비앤비 호스트는 중요한 행사가 열리면 자신의 집을 빠르게 숙소로 전환해 소득을 올린다. 2016년 프랑스에서 유럽축구선수권대회가 열릴 당시 에어비앤비를 이용한 방문객이 34만 명에 달했다. 6개 경기(플레이오프 두 경기 포함)가 열린 마르세유 지역에서는 5만 7000명의 관광객이 에어비앤비에서 숙박을 해결했다.

2016년 리우 올림픽 때는 에어비앤비가 공식적인 대안 숙박 공급자 역할을 했다. 세계경제포럼(World Economic Forum, WEF)과 MIT의 연구*에 따르면, 리우 올림픽 당시 4만 8000개의 숙소가 공급되었고 8만 5000명이 그것을 이용했다. 당시 리우에는 50만 명이 모였던 것으로 추정된다. 대부분의 리스팅(숙소)은 올림픽을 앞두고 에어비앤비 플랫폼에 등록되었다. 이 보고서에 따르면 만약 에어비앤비가 없었다면 방문객 수용을 위해 257개의 호텔이 신설되었어야 했다.

수백만 명의 게스트들에게 만약 일반적인 숙박업소에서 묵었다

• http://www3.weforum.org/docs/WEF_Understanding_the_Sharing_Economy_report_2016.pdf.

면 놓쳤을지도 모르는 커뮤니티와 문화를 경험할 수 있게 해줄 뿐
아니라, 그때까지 관광의 혜택을 보지 못하던 지역에도 기회를 제
공하는 역할을 하고 있다. 에어비앤비의 숙소 가운데 4분의 3은 전
형적인 관광지가 아닌 곳에 있다. 아울러 게스트(관광객)는 그들의
전체 소비액 가운데 50퍼센트 정도를 자신이 묵는 숙소 주변에서
쓴다.

사회적 기업 육성법에서는 사회적 기업에 대해 "사회(공공) 서비
스 또는 일자리를 제공하며 취약 계층과 지역 주민 삶의 질을 높이
기 위한 사회적 목적을 추구하면서 생산, 판매, 서비스 등 영리 활
동을 하는 기업 및 조직"이라고 정의한다. 일자리를 제공하고, 작은
골목까지 경제적 파급효과를 일으키는 도시재생의 효과 등을 갖춘
에어비앤비는 사실상 사회적 기업으로서의 특징을 갖추고 있는 셈
이다. 거꾸로 보면, 저성장 시대를 배경으로 등장한 공유경제는 사
회적 기업이 활용하기에 매우 적합한 시스템이라고도 말할 수 있다.

재난을 극복하게 해준
플랫폼의 힘

사람과 사람을 연결해 주는 플랫폼은 자본주의의 동력에서 시작했

셸(왼쪽 세 번째)이 자신의 에어비앤비 리스팅(숙소)에서 게스트, 친구들과 대화를 나누고 있다. 셸은 2012년 허리케인이 뉴욕시를 덮쳤을 때 자신의 집을 이재민에게 무료로 제공했다. (사진: 에어비앤비)

지만, 예기치 못한 착한 결과를 내놓기도 한다. 2012년 미국 역사상 최악으로 평가받았던 허리케인 샌디가 뉴욕시를 덮쳤을 때의 일이다. 뉴욕 브루클린에서 에어비앤비 호스트로 오래 활약해 온 셸(Shell)*은 홍수 탓에 많은 이재민이 집을 버리고 대피해야만 했고, 며칠 동안 집에 돌아갈 수도 없다는 사실을 알게 되었다. 셸은 자신이 에어비앤비 숙소로 내놓고 있는 공간을 공짜로 내놓기로 했다.

*   https://www.airbnb.com/community-stories/new-york/sandys-impact.

셸의 행동은 에어비앤비 커뮤니티로 확산되기 시작했고, 1442명의 호스트가 자신들의 집을 숙소로 내놓았다. 당시 피해 지역 주변에는 2000개 이상의 리스팅(숙소)이 있었다. 셸은 당시의 심정에 대해 이렇게 설명했다.

"뉴욕에서 사람들은 잘 교류하지 않아서 고립된 듯한 느낌을 받기도 했어요. 그런데 허리케인 샌디 때 게스트를 초대해 보니 커뮤니티가 제 집 안으로 들어온 느낌이었습니다."

평상시에는 느끼지 못했던 동네의 인간미를 재난 상황을 계기로 절실하게 느끼게 된 셈이다. 에어비앤비는 대형 재난 상황에 공짜로 집을 내놓을 수 있게 하는 시스템을 구축해 셸과 같은 사람들을 도왔다. 2013년부터는 '오픈홈'이라는 이름의 재난 대응 시스템을 가동하고 있다. 허리케인뿐 아니라 화재, 홍수, 지진 등 다른 재난 상황에도 언제든 대응할 수 있도록 했다.

이 경험은 지금까지 사람들이 막연히 가지고 있던 인간 본성에 대한 고정관념을 깼다. '사람들이 근본적으로 따뜻한 마음을 가지고 있기는 할까?' '실제로 따뜻한 마음을 가지고 있다고 하더라도 이 삭막한 도시에서 서로를 믿고 커뮤니티를 구현해 낼 수 있을까?' 이런 질문은 책상 위에서 고민하는 많은 사람을 괴롭혀 왔지

에어비앤비 숙소 제공 프로그램 화면 캡처. (Airbnb.com/openhomes.)

만, 온라인과 오프라인을 연결하는 플랫폼의 등장은 생각지 못했던 놀라운 결과를 보여주었다.

러시아의 사상가 표트르 알렉세예비치 크로폿킨(Pyotr Alekseevich Kropotkin)은 1902년 내놓은 《만물은 서로 돕는다(Mutual aid: a factor of evolution)》에서 협동적인 동물(인간) 집단이 그렇지 않은 경우보다 생존에 더 뛰어난 능력을 갖는다고 소개하며 공동체의 힘을 강조했다. 최정규 경북대 경제통상학부 교수는 《한겨레》에 기고한 〈공유지의 비극을 해결하는 제3의 길〉이라는 글에서 이 책에 나온 문구를 다음과 같이 소개했다.

"표트르 크로폿킨은 (…) 공동체적 해법이야말로 인간의 본성

에 가장 걸맞은 자연스러운 해법이라고 주장했다. (…) 그는 상호
부조적 감정이야말로 수십만 년에 걸친 집단생활을 통해 그리고
지난 수천 년간의 사회생활을 통해 배양된 것이며, (…) 상호부조
의 감정은 거스를 수 없는 법이라고 했다."•

　네덜란드 태생의 동물행동학자이자 영장류학자인 프란스 드 발
(Frans de Waal) 역시 《공감의 시대(Age Of Empathy: Nature's Lessons For
A Kinder Society)》에서 "(인간은) 자원을 공정하게 배분해 사회의 평화
를 유지해 이익을 얻고, 이에 공감이 결합하며 결과적으로 평등성
과 연대가 강조되는 작은 집단 사회를 향한 길을 걷게 되었다"••고
설명했다.

　　"개인과 집단적 이익의 균형을 잡는 방법을 알아내야 한다. 그
　　것은 미국 시민들이 허리케인 카트리나의 희생자를 볼 때와 링컨
　　이 족쇄를 찬 노예들과 마주했을 때처럼 우리를 다른 이들에게
　　연결하고, 이해하고, 그들의 상황을 우리 자신의 상황으로 만드
　　는 능력이다. 이 타고난 능력을 불러내는 것은 어떤 사회에서도

•　〈공유지의 비극을 해결하는 '제3의 길'〉, 《한겨레》, 2017년 9월 23일, http://www.
hani.co.kr/arti/science/science_general/812213.html.
••　《공감의 시대》, 프란스 드 발, 최재천·안재하 옮김, 김영사, 2017, 300쪽.

이익이 될 수밖에 없다."•

어린이들이 동성 부모의 행동을 따라 하고, 하품이 전이되며, 행복한 표정을 보면 편안하고 화난 표정을 보면 불편해지는, 프란스가 '흉내의 기술' 등으로 소개한 바로 그 공감의 힘은 온라인 플랫폼이 만들어 준 네트워크를 통해 빠르게 확산될 수 있었다. 셸의 행동은 공감대를 가진 다른 사람들에게 그대로 전이되었고, 빠르게 확산되었다.

허리케인 하비와 어마 등으로 2017년 유독 피해를 많이 입은 미국에서는 에어비앤비 커뮤니티가 만들어 내는 공동체의 힘을 경험했다. 멕시코의 지진과 폭풍, 일본의 태풍 탈림, 런던에서의 테러 등에서도 오픈홈 프로그램이 가동되었다.

마음을 쉽게 전달할 수 있는 플랫폼 기술의 존재는 마음속 깊이 있는 본성을 깨워 쉽게 구현할 수 있게 도와주었다. 플랫폼은 또한 혹시라도 집 안 시설이 망가질 경우 보험으로 보장해 주는 도움을 주기도 한다. 플랫폼 기술이 "자기에게는 크게 방해가 되지 않지만 상대방에게는 상당히 큰 도움을 주는, 이른바 '저비용 이타주의'"••

• 같은 책, 304쪽.
•• 같은 책, 158쪽.

가 발현되는 상황으로 만들어 준 것이다.

테니스 선수가 바닥에 주저앉은 다른 선수를 손으로 잡고 일어설 수 있도록 도와주는 행위와 같은 저비용 이타주의는 비용이 크지 않아 우리 사회에서도 손쉽게 찾아볼 수 있다. 삭막한 도시를 바꾸는 것은 작은 기술의 도움만으로도 충분하다.

그와 동시에 우리는 온라인으로 연결된 커뮤니티가 언제든지 오프라인의 공동체로 전환될 수 있다는 사실을 알게 되었다. 에어비앤비가 등장하면서 모두가 손쉽게 연결되는 플랫폼이 마련되었고, 보험 등에 따른 지원을 바탕으로 이타주의의 비용이 매우 낮아졌기 때문이다.

호스팅 경험은 공동체에 대한 생각을 바꿀 수도 있다. 2016년 에어비앤비가 한국에서 진행한 설문조사에서 한 호스트는 이렇게 말했다. "에어비앤비 호스트를 한 지 1년 정도밖에 되지 않았지만, 유럽·아시아·미주 각 지역에 친구가 생겼습니다. 사람이 가장 값진 경험이 아닐까 싶어요."

우리는 어쩌면 플랫폼과 인터넷이 연결해 놓은 세상 속에서 기존의 세계관이 만들어 낸 문화적 장벽들을 조금씩 허물고 있는 중인지도 모른다. 보호무역이나 테러 등의 문제는 서로 다른 문화 간의 이해도 차이에서 온다. 그런 맥락에서 보면, 플랫폼 기술은 확실히 긍정적인 면이 있다.

에어비앤비로
생애 첫 집을 구매하는 방법

사람들은 집을 사길 원한다. 인간의 생존에 필수적인 의식주 가운데 하나인 데다, 주거라는 기능 외에도 막대한 자산 가치와 더불어 사회·경제적 지위를 보여주기도 하기 때문이다. 그러나 집을 사기란 쉽지 않다. 전 세계적으로 나타는 저성장의 흐름 때문에 집을 구매하기가 더욱 어려워졌다.

이 틈바구니에서 나온 것이 바로 공유경제다. 저성장 시대에 돈을 버는 방법은 쪼개고 나누는 것이다. 혼자 살던 넓은 집의 일부를 쪼개 남에게 빌려주는 것이 바로 그중 하나다. 집의 일부를 빌려주면서 사람들 사이에 문화적 교류가 이루어지고 따뜻한 정을 느끼기도 하지만, 본질적으로 이는 저성장을 타개하고자 하는 노력의 하나다.

에어비앤비는 그런 시대에 등장한 공유경제 플랫폼이다. 그리고 최근 미국에는 로프티움(Loftium)이라는 회사까지 등장했다. 이 회사의 사업 모델은 에어비앤비의 수익을 이용해 생애 첫 집 구매를 도와주는 것이다. 방법은 간단하다. 집 구매자에게 최대 5만 달러 (약 5300만 원)까지 목돈을 빌려주되, 집 주인이 3년 동안 의무적으로 에어비앤비를 운영하게 해 그 수입의 일부로 투자금을 회수하는 것

로프티움의 웹페이지 화면 캡처. (https://www.loftium.com/)

이다.

　미국은 개인대출보험 제도(Private Mortgage Insurance, PMI)가 있어서 집을 살 때 내는 선금(down payment)이 집값의 20퍼센트 미만일 경우 반드시 개인대출보험을 들게 하고 있다. 집 구매자가 20퍼센트 미만을 선금으로 내고 나머지를 대출로 충당할 경우 압류 처분을 해야 하는 상황이 발생하더라도 자금 회수 가능성이 낮다고 판단해서 나온 제도다. 이 보험료는 선금 규모와 개인 신용도에 따라 다르긴 하지만 꽤 부담스러운 수준이다. 이 제도를 파고든 로프티움은 집 구매자에게 목돈을 빌려주어 선금 규모를 늘리고 보험에 들지 않을 수 있게 해주겠다는 것이다.

예컨대 목돈으로 5000만 원을 모아 둔 젊은이는 보험 가입 없이 최대 2억 5000만 원짜리 집밖에 구매하지 못하지만, 로프티움이 5000만 원을 보태 준다면 지불할 수 있는 선금이 1억 원으로 늘어나 최대 5억 원짜리 집을 보험 가입 없이 구매할 수 있게 된다.

로프티움은 학자금 대출 등으로 목돈을 모으지 못했지만, 첫 집을 구매하고 싶어 하는 젊은 층에 큰 도움이 될 수 있다고 설명한다. 《뉴욕타임스》는 관련 기사에서 "로프티움이 60만 달러(6억 4000만 원) 정도의 집을 처음으로 사려고 하는 젊은이들을 겨냥하고 있다"•고 적었다.

한국에서도 로프티움과 같은 사업이 생기는 것이 불가능해 보이지 않는다. 다만 한국은 집을 살 때 필요한 돈의 규모가 미국보다 더 크긴 하다. 적어도 집값의 30퍼센트는 가지고 있어야 주택담보대출을 받을 수 있기 때문이다. 투기 지역이나 투기 과열 지구, 조정 대상 지역 이외의 기타 지역에서는 대출 가능한 금액(주택담보인정비율, LTV)이 집값의 70퍼센트다. 예컨대 기타 지역에서 6억 원짜리 집을 사려면 1억 8000만 원의 현금은 가지고 있어야 하는데, 이

• "A Down Payment With a Catch: You Must Be an Airbnb Host," *The New York Times*, Sept. 18, 2017, https://www.nytimes.com/2017/09/18/your-money/mortgages/loftium-airbnb-down-payment.html.

현금을 충당하는 데 로프티움과 같은 사업자가 도움을 줄 수 있다. 물론 로프티움과 같은 사업자는 에어비앤비 게스트가 없어 공실이 생기는 리스크를 감당해야 한다.

집을 구매한 사람 입장에서는 로프티움 같은 사업자를 이용하지 않는다 하더라도, 자신의 의지로 에어비앤비를 운영해 매달 내야 하는 주택담보대출 이자의 부담을 줄일 수도 있다. 다만, 공유 숙박을 위한 제도가 이 같은 활동에 얼마나 개방적으로 만들어지느냐에 따라 상황은 조금씩 달라질 것으로 보인다.

접근권이
곧 복지다

세계 곳곳에 펼쳐져 있는 도시를 마치 내 집처럼 여기며 살아 보고 경험해 볼 수 있을까? 1955년생인 데비와 1945년생인 마이클 캠벨 부부는 이 꿈같은 이야기를 실제로 실현하고 있다. 2017년 7월 24일에 이미 1000일이 넘는 밤을 다른 나라, 다른 도시에서 보냈다. 이들이 만들어 나가는 세계일주 이야기는 씩씩하게 배낭을 메고 이곳저곳 다니던 청년들의 세계일주와는 결이 다르다. 조용히, 그저 새로운 곳을 찾아, 살아 보고 경험하며 삶을 즐긴다.

데비(오른쪽)와
마이클 캠벨 부부.
(사진: 에어비앤비)

캠벨 부부는 2012년 이후 2018년 6월을 기준으로 6년 동안 스페인 마드리드, 모로코 마라케시, 요르단 암만, 그리스 아테네, 네덜란드 암스테르담, 멕시코의 멕시코시티 등 68개국 500개 이상의 도시에서 살아 보았다. 프랑스 프로방스 지역이나 우크라이나와 카자흐스탄 같은 중앙아시아 국가에서 살기도 했다. 사람들은 이들을 '시니어 노마드'라고 부른다.*

이렇게 많은 곳에서 살아 볼 수 있다는 사실 자체가 캠벨 부부에게는 커다란 '복지'다. 그리고 이 복지를 만들어 낸 것은 바로 에어비앤비라는 숙박 공유 플랫폼과 그 플랫폼이 만들어 낸 '접근권'이

● 이들이 살아 본 곳 목록은 다음 웹페이지에서 확인해 볼 수 있다. http://seniornomads.com/travels.

2018년 6월 서울을 찾은 부부는 경복궁과 서촌 등을 찾아다니며 서울이라는 도시를 즐겼다.
(사진: 캠벨 부부)

다. 전통적인 숙박 시설과 달리 에어비앤비는 집 자체를 빌리기 때문에 여행가방을 크게 줄일 수 있었고, 지역 특유의 문화를 느낄 수 있게 해주었다.

캠벨 부부는 스마트폰 하나로 어디든 갈 수 있는 접근권을 획득했다. 어느 곳에서든 손에 든 휴대전화의 에어비앤비 앱에 접속하면 전 세계에 있는 숙소의 정보와 사진, 그 숙소를 이용해 본 사람들의 평가 등을 볼 수 있다. 모르는 동네에 가더라도 익숙한 방식으로 길을 찾을 수 있다. 구글 맵을 열고 가고자 하는 위치를 입력

하면 대중교통으로 가는 방법과 걸어서 가는 방법, 운전해서 가는 방법 등을 자세히 볼 수 있다. 길을 모르는 도시에서도 우버를 이용하면 예약할 때부터 예측 가능한 서비스를 이용할 수 있다. 바로 이 서비스들을 쉽게 이용할 수 있는 접근권이야말로 지금 우리 도시에서 누릴 수 있는 가장 큰 복지다.

'시니어' 세대에서는 접근권이라는 새로운 권리를 추구하는 삶이 드물기는 하지만, 젊은 세대로 갈수록 이런 경향이 짙어진다. 특히 밀레니얼 세대는 '소유'보다는 '경험'을 중시하는 대표적인 세대다. 이들은 넷플릭스로 영화를 보고, 멜론으로 음악을 듣는다.

영국 일간지 《가디언(The Guardian)》은 1년 반 동안 에어비앤비만을 이용해 뉴욕 맨해튼 곳곳에서 살아 보고 있는 한 신혼부부(데이비드 로버츠와 일레인 쿼크)의 사례를 다루기도 했다.[*] 미국의 이벤트 회사인 이벤트브라이트가 여론조사 기관 해리스폴에 의뢰해 분석한 결과를 보면, 밀레니얼 세대의 78퍼센트는 뭔가를 구입하려 하기보다는 경험이나 이벤트에 돈을 쓰려 한다.[**] 비디오테이프는 물론

---

[*] "The New Yorkers who live exclusively via Airbnb," *The Guardian*, Jun. 20, 2016, https://www.theguardian.com/cities/video/2016/jun/14/new-yorkers-who-live-exclusively-via-airbnb-video.

[**] "NOwnership, No Problem: Why Millennials Value Experiences Over Owning Things," *The Forbes*, Jun. 1, 2016, https://www.forbes.com/sites/

데이비드 로버츠
와 일레인 쿼크
부부.
(사진: 《가디언》
동영상 캡처)

이고 DVD를 사는 사람도 이제 크게 줄어들었다. 음반도 소유하려
들지 않는다. 미국의 공유 사무실인 위워크에서 일하면 세계의 다
른 스타트업들과 쉽게 교류할 수 있는 접근권을 얻을 수 있고, 이것
이 바로 위워크가 다른 경쟁사에 비해 우위에 있는 장점 가운데 하
나다.

사실 접근권은 오래전부터 도시의 중요한 복지 요소였다. "걸어
서 갈 수 있는 공원이 있나?" "아이들이 걸어서 다닐 만한 좋은 학
교가 있나?" "백화점이나 마트 같은 시설을 편리하게 이용할 수 있
나?" 부동산과 도시에 관해 우리가 익숙하게 들어왔던 말이다. 따

blakemorgan/2015/06/01/nownershipnoproblem-nowners-millennials-value-
experiences-over-ownership/.

지고 보면 모두 접근권에 관한 이야기다. 서울시 역시 2016년 2월 현대차 그룹이 삼성동에 짓겠다는 고층빌딩 건설 계획과 관련해 전망대를 '공공 기여'로 인정해 주기도 했다.[*] 당시 서울시는 569미터에 이르는 꼭대기 층에 '회장실'이 아닌 전망대를 넣어 누구든 돈을 내면 올라올 수 있게 했다는 점을 강조했다. 접근권이 있느냐 없느냐가 공공성의 잣대였던 것이다.

우리 도시는 여전히 이 접근권에 인색하다. 수많은 공원이 '관리의 용이성' 때문인지 높은 담장에 둘러싸여 있다. 입구 바로 옆에 살고 있는 주민 외에는 공원 근처에 살아도 사실상 접근하기가 쉽지 않다. 서울 용산구의 효창공원은 12만 3307제곱미터에 이르는 대다수 면적이 담장으로 둘러싸여 있다. 아파트 개발에 따른 기부 채납 방식으로 만든 많은 공원은 아파트에 둘러싸인 형태로 쉽게 접근할 수 없게 설계되어 있어 아파트 이외의 지역 주민들은 이용하기가 쉽지 않다. 접근권의 차별이 복지의 차별로 이어지는 셈이다. 사방팔방 뚫려 있는 뉴욕 맨해튼의 공원들과는 다르다.

진정한 공유도시를 만드는 첫 단추는 주요 공공 자원에 대한 접근권을 평등하게 만드는 것이다. 훌륭한 공원에 쉽게 찾아갈 수 있다면, 집에 마당이 있을 필요가 없다. 귀한 작품을 볼 수 있는 미술

---

[*] 〈고층허가 조건 민간빌딩에 첫 공용시설〉, 《한겨레》, 2016년 2월 17일.

관이 집 근처에 있다면, 체육관이 근처에 있다면, 자녀를 마음 놓고 보낼 수 있는 좋은 학교가 주변에 있다면? 접근권이야말로 진정한 복지다. 도시에서 접근성 높은 공공 자원의 존재는 개인이 소유하는 공간을 줄이고 공유를 확산시킬 수 있다.

진정한 공유도시의 힘은 여기서 한 걸음 더 나아간다. 좀 더 거대한, 실존의 문제에 대한 답이 되어 줄 수도 있다. 서울 성북구에 거주하는 40대 정 아무개 씨는 에어비앤비로 집 전체가 공유될 경우, 자신도 다른 집을 통째로 빌려 떠난다고 한다. 여행을 떠나는 곳은 평소에 "살아 보고 싶던 곳"이다. 왜 그렇게 하는지 물어보니, 정 씨는 이렇게 답했다.

"우리 개개인이 각자의 존엄하고 행복한 삶을 지키기 위해서 누구나 여행 다닐 권리가 있다고 생각해요. 여행은 나조차 몰랐던 또 다른 나를 찾게 해주잖아요."

샌프란시스코가
진짜 스마트도시다

2018년 7월 19일, 샌프란시스코의 유니언 스퀘어 주변 쇼핑 중심

샌프란시스코 집에서 공항 가는 길에 탄 우버X 뒷좌석에서 운전자 쪽을 바라본 모습.

지에서 겪은 일이다. 식료품점인 트레이더 조에서 코코넛 음료수와 에너지바 몇 개를 산 뒤 밖으로 나왔다. 차 타면 15분 정도 걸리는 약속 장소로 가기 위해 스마트폰을 들었다. 처음으로 방문한 곳이라 잘 알지 못하는 대중교통을 이용하기는 싫었다.

우버 앱을 열어 우리 집 근처의 일식당 주소를 목적지로 설정하자 가격이 나왔다. 혼자 차 한 대를 이용하는 우버X는 11달러였다. 돈을 아끼기 위해 우버풀을 선택해 봤다. 가격은 6.04달러, 우리 돈으로 6858원이었다. 우버 앱이 알려 준 바로는 차량번호 7PPE313의 사이언이라는 차종이 내 차였다. 크리스틴이라는 여성과 합승을 하게 되었다는 설명도 덧붙어 있었다.

트레이더 조 입구 앞에는 나처럼 장을 본 사람이 여럿 있었다. 모두 스마트폰을 들여다보며 도로 쪽에 서 있었다. 다들 공유 차량 서비스를 기다리는 듯했다. 잠시 뒤 하나둘 자가용이 찾아와 그들을 데리고 갔다.

5분쯤 기다렸을까. 왼쪽에서 앱에서 본 것과 같은 차가 스르륵하고 도착했다. 운전사인 메다르도 옆자리에 앉았다. 내가 자동차를 탄 곳 근처에 있던, 한국으로 치면 이마트 같은 상점인 타겟 앞에서 크리스틴이 탔다. 운전하는 분은 내게 했던 것과 똑같이 "크리스틴?"이라고 물었고, 크리스틴은 확인차 "크리스틴"이라고 답했다. 뒷좌석에 자리 잡은 그녀와 함께 우리는 10분을 달렸고, 한국에서 택시 타는 값으로 편하게 식당에 도착했다.

나는 샌프란시스코 시내에 있는 본사에 갈 때면 항상 우버나 리프트 앱을 켰다. 일주일의 출장 기간 동안 매일 이용한 이 차량 공유 서비스는 부를 때마다 5분도 안 되어 차량이 배정되었고, 3~5분 만에 집 바로 앞에 도착했다. 이미 앱에서 목적지를 적어 놓았고, 해당 거리에 맞는 값도 치렀기 때문에 우리는 그저 집 앞에서 자동차를 타고, 목적지에 내리면 되었다.

우버의 공유 전기
자전거, 점프 바이크.
페달을 밟으면 저절로
전기장치가 구동해
가속이 된다. 거리 아무
데나 묶어 두고,
앱으로 풀어 타고
다니면 된다. 중거리를
다닐 때 매우 편리하다.

　이곳 샌프란시스코에는 잠시 차를 임대하거나 카풀을 이용하는
방식만 있는 것이 아니다. 포드의 공유 자전거 '고 바이크'를 이용할
수 있고, 우버의 전기자전거 '점프 바이크'를 이용할 수도 있다. 샌프
란시스코 에어비앤비 본사에서 근무하는 회사 동료 피터는 포드가
운영하는 카풀 방식의 셔틀 서비스인 채리엇을 이용해 통근한다고
했다. 이곳에서는 다양한 가격대의 다양한 교통수단을 스마트폰을
이용해 손쉽게 이용할 수 있고, 전통적인 교통수단인 택시나 버스,
지하철도 모두 이용할 수 있다.

　우버풀을 이용해 도착한 식사 장소는 오픈테이블이라는 스마트
폰 앱을 이용해 예약했다. 이곳에서 에어비앤비 인턴으로 근무하
는 회사 동료는 식당이 항상 붐비니 항상 오픈테이블이나 레지 같

포드의 공유 자전거 고 바이크. 서울시의 공유 자전거 따릉이처럼 한 거치대에서 빌려 목적지 근처의 거치대에 반납하면 된다. (사진: 포드 고바이크, https://www.instagram.com/p/BVTDXGFFUji/)

포드의 합승 차량 채리엇. (사진: 채리엇, https://www.chariot.com/cities/sanfrancisco)

은 식당 예약 앱을 이용해 미리 예약을 하고 온다고 했다.

이곳에 머물며 일주일 동안 나와 회사 동료들은 '집'에서 살았다. 미국에 오기 전 한국에서 스마트폰으로 에어비앤비 앱을 열어 일주일 동안 이 집을 임대했다. 샌프란시스코 스콧 스트리트에 있는 2층짜리 고급 주택은 스마트폰 터치 몇 번으로 일주일 동안 내 집이 되었다. 샌프란시스코 한복판에 있는 2층짜리 고급 주택에서 살아 보는 경험은 정말 특별하다. 아침에 일어나 잘 때까지, 밥을 먹을 때마다, 집 안의 구조를 살펴볼 때마다 미국과 미국인을 느낀다. 그들의 삶의 형태에 대해 생각하며 샌프란시스코에서 살아 볼 수 있었다.

이처럼 공간과 이동에 대한 수많은 선택권은 도시 곳곳에 대한 접근권을 갖게 해주며, 도시가 갖추고 있는 인프라의 기능을 120퍼센트 활용할 수 있게 해준다. 다양한 가격대로 이용할 수 있는 이 다양한 선택권은 도시 어디든 쉽게 갈 수 있고, 어디에서든 손쉽게 머물 수 있겠다는 생각을 갖게 해주었다. 스마트폰을 이용한 스마트한 기술은 도시에서의 삶을 풍요롭게 해준다. 이것이 바로 스마트 도시다. 기술을 이용해 삶의 질을 한 단계 높여 주는 도시 말이다.

그런데 한국 정부가 생각하는 스마트 도시는 도대체 무엇일까? 정부가 막대한 예산을 투입해 각종 스마트 인프라를 구축한다고 하는데, 기대보다 걱정이 크다. 도시란 높은 밀도로 사람들이 모여 있는 공간이며, 그들의 삶의 질을 높이기 위해 인프라를 효율적으로 배치해 적절하게 즐길 수 있는 공간이다. 이 본질적 의미의 '도시'가 빠지고 '스마트'만 강조될 경우 각종 인프라만 덕지덕지 설치되고, 실제 도시인의 삶에 아무런 긍정적 영향도 주지 않을 수 있다.

3

평범한 개인이
세상의 전면에 등장하다

66 평범했던 사람들은 스마트폰이라는 놀라운 컴퓨팅 파워를 가진 기기를
호주머니에 넣고 다니며 언제든지 인터넷으로 연결된 세상의 전면에
나설 수 있게 되었다. 이 새로운 대중의 등장은 놀라운 혁신을 가능케 했다. 99

시민들이 만들어 낸
마법 같은 여행

"전 독학한 엔지니어예요. 해커고요, 메이커이기도 하고, 전자제
품에 열광하지요. 캘리포니아 롱비치 출신이고요. 뭔가를 만드
는 것을 좋아해요. 아빠는 자동차 세일즈맨이시고, 엄마는 주부
예요. 오랫동안 홈스쿨 했어요. 2010년에 캘리포니아 주립대에 갔
고, 저널리즘을 전공했어요."•

• https://www.eurogamer.net/articles/2013-07-11-happy-go-luckey-meet-the-20-
year-old-creator-of-oculus-rift.

2010년 열일곱 살 때, 아버지의 차고 안에서 연구를 거듭하며 휴대성이 높은 가상현실(virtual reality, VR) 기기를 만든 1992년생의 젊은이 파머 러키(Palmer Luckey)는 유로게이머라는 이름의 매체와 한 인터뷰에서 위와 같이 말했다. 그는 페이스북으로 23억 달러(2조 6000억 원)에 인수된 VR 제조사 오큘러스의 공동 창업자다. 하지만 그는 이상한 천재도 아니고, 괴상한 발명가도 아니고, 은밀한 사람도 아니다. 권위 있는 기관에서 배운 것도 아니다.

어찌 보면 평범하기 그지없는 젊은이가 어떻게 VR이라는 새로운 시대를 여는 신기술을 발명했을까? 그 해답은 스마트폰에 있다. 2007년 1월 9일 처음 스마트폰을 선보인 애플 사는 수많은 대중을 타깃으로 제품을 생산해 대중화에 성공했다. 이에 따라 중력 감지 장치 등 그때까지 가격이 비쌌던 주요 부품을 손쉽게 사용할 수 있게 되었다. 사실 VR은 오래된 기술이다. 단지 휴대성 확보에 필요한 부품 가격의 장벽에 가로막혀 있었을 뿐이다. 러키는 스마트폰의 기술을 VR 기기에 적용했고, 그때까지 난제로 꼽혔던 휴대성을 해결하면서 단숨에 새로운 시장을 열었다. 그때까지 전문가들이 생각지 못했던 '융합'에 평범한 개인이 성공해 낸 것이다.

평범한 개인이 전문가를 넘어설 수 있는 시대. 스마트폰이 만들어 놓은 새로운 혁명의 시대는 수많은 평범한 개인이 모여 있는 집단에 해당하는 '롱테일'의 시대를 열어 주고 있다. 파머 러키 같은 평범한 개인도 얼마든지 혁신의 대열에 참여할 수 있게 된 시대가 된 것이다.

평범했던 사람들은 스마트폰이라는 놀라운 컴퓨팅 파워를 가진 기기를 호주머니에 넣고 다니며 언제든지 인터넷으로 연결된 세상의 전면에 나설 수 있게 되었다. 이 새로운 대중의 등장은 놀라운 혁신을 가능케 했다. 뉴욕대학교 언론대학원 교수인 클레이 셔키(Clay Shirky)는 《많아지면 달라진다(Cognitive surplus)》*에서 대중의 시간을 모두 더하며, 아무 대가 없이 창조하고 공유하는 새로운 대중과 그들이 가진 1조 시간의 놀라운 변화라고 강조했다.

1조 시간을 가진 대중은 무엇이든 할 수 있다는 것, 어떤 혁신이든 일으킬 수 있다는 것은 요즘 한국에서 유행하는 용어인 '제4차 산업혁명'의 핵심 요소다. 3D 프린터도 바로 대중이 만들어 낸 혁신의 사례다. 사실 3D 프린팅은 1984년에 개발된 오래된 기술이다. 제품 모형이나 시제품 제작을 위한 도구로 꾸준히 사용되어 왔지만 그 밖의 용도로 쓸 생각을 하지 않았다. 하지만 2004년부터 시작된 렙랩 프로젝트(RepRap Project)와 2009년 ME 방식의 특허권 만료는 새로운 시도를 배양하는 토대가 되었다. 그러다 보니 각종 개인용 제품이 봇물 터지듯 쏟아져 나오기 시작했다. 최근 미국에서 뜨

● 《많아지면 달라진다》, 클레이 셔키, 이충호 옮김, 갤리온, 2011.

고 있는 '메이커봇(MakerBot)'이나 네덜란드의 '얼티메이커(Ultimaker)', 국내의 '오픈크리에이터즈(Open Creators)' 모두 렙렙 프로젝트를 기반으로 개인용 3D 프린터를 만들어 상품으로 내놓은 사례다.

3D 프린터와 무관했던 여러 업계에서도 이 기술을 이용하기 시작했다. 복잡한 구조를 쉽게 만들 수 있는 3D 프린터의 특성을 활용하여 놀랍도록 가벼운 구조체를 개발함으로써 가벼운 오토바이를 만드는 등 지금까지와는 다른 제품이 나타났다. 의료계에서는 개개인의 필요를 충족해 주는 맞춤형 상품을 만들어 내기 시작했다. 지구에서 건설 자재를 싣고 가는 문제를 두고 고민하던 우주 탐사 분야에서는 달이나 화성의 원료를 그대로 이용해 우주기지를 건설하는 시도가 시작되었다.

클레이 셔키가 주장하듯이, 전문가들만 접할 수 있던 기술을 평범한 개인도 쉽게 활용할 수 있게 되면서 생각지 못했던 아이디어를 떠올릴 수 있게 되었다. 실제 제품으로 구현할 기회를 갖게 되었다는 것 자체가 혁신의 토양이다. 소수의 전문가보다 수많은 사람의 아이디어가 더 뛰어날 때가 많다. 미국 항공우주국(NASA)은 태양 입자와 관련해 35년간 풀지 못했던 난제를 대중에 공개해 풀었다. 그 문제를 해결한 사람은 천체물리학계 인물이 아니라 은퇴한 무선주파수 기술자였다. 구글도 기계학습을 위한 오픈소스 라이브러리인 '텐서 플로(Tensor Flow)'를 대중에 공개했다. 그 이유는 "텐서

남아프리카에서 찾아볼 수 있는 에어비앤비 리스팅(숙소)의 모습. 특정 지역의 주민만 알고 있는 훌륭한 자원이 플랫폼에 올라오면서 전 세계 누구든 접근할 수 있게 되었다. (사진: 에어비앤비)

플로가 잠재적으로 선호하는 딥러닝 프레임워크가 되면 앞으로 인공지능 산업의 흐름을 선도할 수 있으리라는 계산"• 때문이다. 전문가가 생각지 못한 방식으로 만들어 내는 개인의 혁신을 그대로 자신들의 플랫폼 안에 포함할 수 있을 것이라 생각한 것이다.

에어비앤비 역시 대중이 만들어 내는 혁신에 기대어 사업을 펼친

• 〈텐서플로우에 올라 탄 한국 AI, "구글은 왜 기술을 개방했나?"〉, 한국인공지능협회, https://m.post.naver.com/viewer/postView.nhn?volumeNo=6729144&memberNo=36230564.

다. 수많은 개인은 자신이 사는 지역과 자기가 사는 공간의 매력에 대해 누구보다 잘 알고 있다. 그것을 누군가에게 소개할 기회가 없던 이들이 에어비앤비라는 플랫폼을 만나면서 세상에 자신의 목소리를 내기 시작했다.

미국 말리부의 한 호스트는 아름다운 자연환경을 느낄 수 있는 곳에서 캠핑카를 숙소로 이용할 수 있도록 새로운 기회를 만들었다.[*] 숲속에 나무로 지은 집은 이색적인 숙소를 찾는 관광객들에게 큰 인기를 끌고 있다. 전통적인 숙박업에서는 생각지 못했던 혁신적 서비스가 지역 기반의 개인에 의해 탄생한 것이다. 에어비앤비는 그래서 자신을 설명하는 문구를 이렇게 내놓는다. "Magical travel powered by people.(시민들이 만들어 낸 마법 같은 여행.)"

온라인 공유가
만든 세상

에어비앤비는 2017년 한 해 동안 인스타그램에서 '좋아요'를 가장

---

[*] https://www.airbnb.co.kr/rooms/820227?location=%EB%A7%90%EB%A6%AC%EB%B6%80&s=No_i7F8Z.

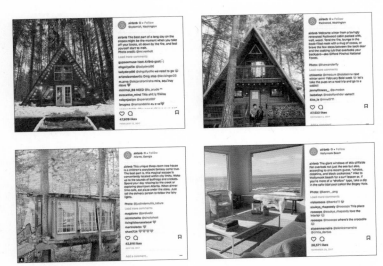

스카이코미시(위 왼쪽)와 팩우드(위 오른쪽)의 통나무집, 나무 위 집(아래 왼쪽), 해변가 집(아래 오른쪽)의 인스타그램 캡처.

많이 받은 에어비앤비 숙소를 뽑아 2018년 1월 17일에 발표했다.* '좋아요'가 가장 많은 숙소 1, 2위는 미국 워싱턴의 스카이코미시와 팩우드에 있는 통나무집이다. 공교롭게도 둘 다 양쪽으로 경사진 지붕인 '박공'의 처마 끝이 바닥까지 내려온 정삼각형 모양의 집이다. 나무로 만든 집이니만큼 눈이 내린 숲의 배경에 자연스럽게 어

● https://press.airbnb.com/the-10-most-liked-airbnb-listings-on-instagram-in-2017/.

울린다. 그러면서도 자연에서 흔히 보기 힘든 정삼각형이라는 형태가 인위적인 느낌을 살짝 만들어 내며 환상적인 느낌을 불러일으킨다. 두 집의 사진은 무수히 공유되며 2018년 1월 16일 현재 둘 모두에 각각 4만 7000여 개의 '좋아요'가 붙었다.

'집' 하면 떠오르는 박공지붕의 처마가 바닥까지 내려와 있는, 익숙하면서도 독특한 이미지는 친숙함과 호기심을 동시에 불러일으킨다. 그리고 여기에 화려한 조명을 덧입히고 사진을 찍으면 인터넷 세상에 하나의 환상이 추가된다.

산속의 통나무집은 에어비앤비 플랫폼에 올라오기만 하면 큰 인기를 끄는 숙소이기도 하다. '나무 위 집'이 4만 2000여 개의 '좋아요'를 얻는 등 정삼각형 통나무집들과 함께 숲속에 있는 네 채의 숙소가 10위 안에 포함되었다.

이런 경향은 2017년 말 에어비앤비가 그해 상반기 예약 현황을 분석해 전년도 같은 기간과 비교해 본 결과와 맥락이 닿는다.[*] 당시 조사에서는 전형적이지 않은 숙소에 대한 선호도가 점점 강해지는 것으로 분석되었다. 자연 속의 오두막 예약이 지난해 같은 기간보다 700퍼센트 증가했고, 일본의 료칸(旅館)이 600퍼센트, 몽골의 전

[*] https://press.airbnb.com/the-u-s-midwest-ryokans-and-brazilian-beaches-airbnbs-2018-travel-trends/.

통 텐트인 유르트가 155퍼센트 늘어났다.

이 같은 트렌드가 강해지는 이유는 인스타그램 등 소셜 네트워크를 통해 사진이라는 형태로 공유된다는 점 때문이다. 건축물의 형태가 만들어 내는 이미지는 인터넷 위에서 무한히 소비되며 환상을 키워 간다. 사진과 영상에 민감한 요즘의 세계인들은 사진을 소셜 네트워크에 담으며 서로의 환상을 공유한다. 그 환상은 에어비앤비 같은 플랫폼 안에서 클릭만 하면 현실이 될 수 있다는 점에서 더는 환상이 아닐 수도 있다.

건축이 사람을 유혹하려 하는 것은 어제오늘의 일이 아니지만, 최근 확연히 달라진 것은 그 방식이다. 지금까지 건축이 건축물을 직접 맞닥뜨린 사람에게 여러 공간적 장치를 제공해 관심을 끌어내려 하던 것과 달리, 이제는 디지털 기기에서 표현되는 모습 그 자체에 관심이 집중되고 있다.

누구나 사진을 찍을 수 있고 그 사진을 세계인과 공유할 수 있는 힘을 가진, 현대인이 창조해 낸 세계는 무거운 물성을 가진 건축물조차 한없이 가볍게 만들어 버렸다.

더욱이 이제 내가 모르던 세상에 대한 접근의 제약은 무너졌다. 건축물이 뿌리박고 있는 위치의 제한도 무의미해졌다. 스마트폰과 소셜 네트워크는 지리적 위계가 아무리 낮은 장소일지라도 관심이 쏠리고, 향유할 수 있게 만들 수 있는 시대가 되었다.

스마트폰이 불러온 "가속의 시대"(토머스 프리드먼)는 입소문의 한계를 한껏 뛰어넘어 세계인들의 취향을 공유하고 서로 닮아 가는 경향을 만들어 내고 있다. 그 쏠림의 대상은 작은 건축물 하나가 될 수도 있다. 건축과 디자인, 그리고 자연과 같은 외부 환경은 점점 더 중요해지고 있다. 전 세계에 사진이 공유되고 소비되는 시대이기 때문이다.

도시에서
신화를 만들다

도시의 힘은 무엇인가. 바로 사람이다. 사람이 모여 있다는 것 자체가 도시의 가장 큰 매력이며 장점이다. 도시경제학자인 에드워드 글레이저(Edward Glaeser) 하버드대학교 경제학과 교수는 《도시의 승리(Triumph of the City)》에서 이 같은 도시의 특징을 경제학적으로 분석했다.

> "뉴욕의 부흥과 쇠퇴 그리고 새로운 부흥은 우리에게 대도시의 핵심적인 역설이 무엇인지를 알려준다. 그것은 장거리를 연결하는 비용은 떨어졌지만 인접성의 가치는 더욱 커졌다는 사실이다."●

인간은 개개인이 가진 '소우주'를 통해 서로에게 영향을 준다. 그 만남의 가치는 "인적 자본의 외부효과"[**]로 설명된다. 글레이저 교수는 이 용어를 두고 "사람들은 다른 숙련된 사람들과 같이 일할 때 훨씬 더 생산적으로 변한다는 것"[***]이라고 설명했다. 나와 다른 생각을 가졌거나, 전혀 다른 분야에서 일하는 사람과의 대화는 '유레카'를 외치게 만들기도 한다. 의도적인 만남부터 우연한 만남까지를 포함한 사람들 간의 모든 만남이 힘을 가지려면 '변화/변모(transformation)'가 필요하다. 이 변화는 과연 어떻게 오는가?

인간 정신의 성숙을 포함한 모든 변화의 과정을 수많은 신화로 설명할 수 있다. 수만 년 전부터 인간 본성과 관련된 수많은 시행착오를 거쳐 온 인간들은 '신화'라는 이야기를 만들어 냈고, 그 신화를 보면 인간이 변화하는 심리적 과정에 대해 깊이 파고들 수 있다. 그 본질을 분석해 낸 신화학자 조지프 캠벨(Joseph Campbell)에 따르면 개개인이 '영웅'에 이르는 길은 우선 일상으로부터 '분리'되거나 또는 '출발'하면서 시작된다. 일상에서 벗어나지 않는 한 모험은 시작될 수 없다. 어떤 영화든, 어떤 소설이든 주인공의 모험은 일상에

● 《도시의 승리》, 에드워드 글레이저, 이진원 옮김, 해냄출판사, 2011, 22쪽.
●● 같은 책, 64쪽.
●●● 같은 책, 64쪽.

신화학자 조지프 캠벨의 대표 저작 중 하나인
《천의 얼굴을 가진 영웅》 표지.
캠벨은 인간들 각자가 자기 인생을 지배하는
'영웅'이 되기 위해 마땅히 거칠 수밖에 없는 여정을
신화를 통해 설명한다.

서의 단절에서 시작된다. 일상에서 탈출을 꾀하지 않는다면 변화는 기대하기 어렵다.

출발에 성공했다면 '입문' 단계로 접어들어 수많은 관문을 헤쳐 나가야 한다. 특히 고래의 뱃속이나 동굴처럼 완전히 다른 공간에 들어서면서 고난을 겪게 되고, 그 고난을 극복하면서 '변화'가 일어 난다. 이 변화를 통해 무언가를 얻어 낸 주인공은 드디어 일상으로 '귀환'한다. 이 주인공이 영웅이 될 수 있는 것은 이와 같은 서사 구 조 속에서 얻어 낸 '변화' 때문이다.

영웅의 서사 구조는 이 세상 대부분의 이야기에 녹아 있다. 인간 내면의 깊은 곳을 움직이기 때문이다.

이 서사 구조는 도시와 건축에도 종종 적용된다. 2015년 9월 미 국 로스앤젤레스 다운타운의 그랜드 애비뉴에 들어선 현대 예술 작품 전시관 더 브로드(The Broad)가 좋은 예다. 예술 작품을 보기

더 브로드의 로비에 설치된 에스컬레이터. 더 브로드의 전시관으로 향하는 에스컬레이터는 마치 완전히 새로운 세상을 만날 수 있는 동굴 속으로 진입하는 듯한 느낌을 준다. (사진: 더 브로드, https://www.thebroad.org/)

위해 입구부터 전시관으로 들어서는 공간을 동굴 속으로 들어가는 듯한 느낌이 들도록 표현한 이 전시관은 새로운 세상으로의 출발 시점에 가질 수 있는 기대감과 흥분을 그대로 재현한다.

　새로운 곳에서의 경험을 상품으로 내세우는 에어비앤비 트립 서비스도 마찬가지다. 에어비앤비는 트립 서비스를 시작하면서 조지프 캠벨이 말하는 신화의 서사 구조를 모티브로 썼다. 전 세계 모든 문화권에서 공유될 수 있으며, 새로운 경험을 통해 자신을 변화시킬 충격을 가질 수 있기 때문이다.

서울 종로구에서 캘리그라피 트립을 연
병인 호스트의 에어비앤비 소개 화면.
(사진: 에어비앤비, https://abnb.me/
EVmg/BkzdxDSBoH)

　　에어비앤비 트립 호스트는 바로 그 경험을 위한 '조력자'다. 영웅
의 서사 구조에는 항상 조력자가 존재하는데, 영화 〈스타워즈〉에서
주인공인 루크 스카이워커를 돕는 오비완 케노비와 요다가 바로 그
런 존재다. 예컨대 서울 종로구에서 진행한 '한글 캘리그라피' 트립
은 병인 호스트의 작업실에서 이루어진다. 한 명의 소우주가 가득한
공간에 입문하여 호스트의 도움에 따라 새로운 경험을 하게 되고
귀환하는 서사 구조의 맥락에서 '고래의 뱃속'에서 귀환한 게스트들
이 얻어 가는 것은 단순한 체험의 기억이 아닐지도 모른다.

동네 특유의 매력은
상품이 될 수 있을까

건축을 완성하는 것은 사람이듯이, 도시를 완성하는 것도 사람이다. 사람이 북적이는 거리와 카페를 느껴 보고, 또 이런 곳에 사람이 한 명도 없을 때 어떨지 상상해 보라. 물리적 외부 환경은 유기체인 사람과 뒤섞일 때야 비로소 그 아름다움이 빛을 발한다. 건축물이든 도시든 모두 인간을 위해 만들어진 것이기 때문이다.

사람들은 서로에게 즐거움을 가져다주는 존재다. 도시계획 역사상 가장 큰 영향을 미친 저서인 《미국 대도시의 죽음과 삶(Death and life of great American cities)》에서 제인 제이콥스(Jane Jacobs)는 도시에서 사람의 존재에 대해 이렇게 설명했다.

> "많은 사람들이 거리 안팎에서 활발하게 움직이는 거리를 바라보는 걸 즐긴다. (…) 일을 보러 나온 사람들이나 먹을거리나 마실 것을 찾는 사람들이 만들어 내는 활동은 그 자체가 다른 사람들을 끌어당기는 유혹이다."●

● 《미국 대도시의 죽음과 삶》, 제인 제이콥스, 유강은 옮김, 그린비, 2010, 61, 63쪽.

'사람 구경'을 즐겁게 할 수 있는 도시는 그 자체로 아름답고 사람들을 흥분시킨다. 그런데 자동차가 대중화된 현대사회에서는 사실 이런 도시를 만들기가 쉽지 않았다. 자동차를 위한 길이 사람들이 교류할 수 있는 공간을 모두 잠식했기 때문이다. 길가에 테이블을 두고 대화를 나누려 해도 바로 옆에서 쌩쌩 지나가는 차량의 존재는 사람을 움츠러들게 하고, 결국 그 같은 옥외 활동은 줄어들 수밖에 없다. 현대 도시가 삭막하게 느껴지는 것은 이 때문이다.

2017년 여름에 다녀온 포르투갈의 리스본은 제이콥스가 강조하는 '도시의 고전'이라 할 만했다. 이곳의 도로는 좁았고, 사괴석(18~20센티미터 크기의 입방체형 석재로, 주로 화강석이다)으로 포장되어 울퉁불퉁했다. 그러니 자동차는 빨리 달릴 수 없고, 보행자에게 그리 큰 위협이 되지 않았다. 걷기에 아주 좋은 도시다.

그뿐 아니라 건물은 주거 공간과 근린 생활형 카페가 함께 있는 주상복합건물이 대부분이다. 보행로 양쪽으로 작은 상점들이 잘 발달해 있다. 주거 지역으로 여겨지는 곳에서도 1층의 모퉁이에는 작은 카페가 하나씩 있다. 스몰 비즈니스의 천국이다.

걷기 좋은 골목과 스몰 비즈니스의 만남은 사람들의 적극적인 교류를 이끈다. 사람들의 교류가 활성화되는 인간적인 규모는 그 자체로 도시적 매력을 뿜어내며, 지역 특유의 감수성을 만들어 낸다. 바로 이 감수성, 지역 특유의 매력을 그대로 상품화할 수 있을까?

포르투갈에서 만난 에어비앤비 트립 호스트 리타가 기타를 들고 포르투갈의 전통음악인 파두에 대해 설명하고 있다. (사진: https://www.airbnb.com/experiences/74888)

리타가 노래를 부르는 와중에 거리를 지나던 동네 주민이 들어와 자신의 노래를 선보이고 있다.

당시 리스본에서 경험해 본 에어비앤비 트립은 이 질문에 대한 답을 주었다. 포르투갈의 전통음악이라는 '파두(fado)'를 경험시켜 주겠다며 트립 호스트로 나선 리타는 기타를 들고 작은 카페로 안내해 노래를 시작했다.

와인 한 잔과 어우러진 그의 멜로디는 활짝 열려 있는 문을 통해 그대로 거리로 흘러나갔다. 그 노래는 카페 안과 밖을 연결했다. 길을 걷는 사람들이 힐끗 한 번씩 안을 들여다보며 빙긋 웃고 가는가 하더니, 어느새 문 앞에 한 할머니가 자리를 잡고 서서 손뼉을 치며 박자를 맞췄다. 이어 음악소리에 이끌려 카페를 찾은 동네 할아버지 셋은 카페 안에 들어와 음악을 듣고 맥주를 즐겼다. 전부 같은 동네 사람들이었다.

갑자기 무대에 올라온 할머니가 "내가 불러도 될까"라고 묻자, 모두 손뼉을 치며 맞았다. 곡이 시작됐고, 할아버지들은 춤을 췄다. 나를 포함한 게스트 일곱은 우연히 이뤄진 한 편의 드라마에 모두 흥이 올랐다. 이것이 바로 도시에서의 우연한 만남에서 찾아낼 수 있는 '세렌디피티'다.

에어비앤비 플랫폼은 고전적인 도시가 뿜어내는 힘을 외국인에게 그대로 연결해 주었다는 점에서 인상적이다. 전 세계에 흩어져 있는 작은 동네마다의 일상은 플랫폼을 통해 하나의 문화상품으로 다시 태어났다.

4

공유도시를 만드는 주인공,
밀레니얼

66 무언가에 얽매이지 않으면서도 최신 유행을 빠르게 따라잡는,
'역대 최상급의 스펙'이라는 말을 들을 정도로
수준 높은 교육을 받았으면서도 경제적으로는 취약한 젊은이들.
이들은 어린 시절부터 스마트폰을 이용하며 소셜 미디어를
적극적으로 이용한다. 이들을 이르는 밀레니얼 세대는
전 세계가 지금까지 찾아보지 못했던 새로운 '전형'을 만들어 나가고 있다. 99

미니멀리즘이
부상하는 이유

미국에서 '미니멀리즘'이라는 새로운 트렌드를 불러일으킨 서른여섯 살의 두 젊은이, 조슈아 필즈 밀번(Joshua Fields Millburn)과 라이언 니커디머스(Ryan Nicodemus)는 자신들의 웹사이트에서 미니멀리즘에 대해 다음과 같이 정의했다.

> "미니멀리즘은 당신의 삶에서 과하다고 느껴지는 것들을 제거하고 정말 중요한 것에 집중할 수 있게 해주는 도구다. 이를 통해 당신은 행복과 충만함, 그리고 자유를 느낄 수 있다."*

전 세계에 미니멀리즘을 퍼뜨리고 있는
조슈아 필즈 밀번과 라이언 니커디머스의
웹페이지 캡처 화면.
(http://www.theminimalists.com)

이들의 여정은 2011년 《미니멀리즘: 의미 있는 삶을 살라(Mini-malism: Live a Meaningful Life)》를 출간하면서 본격적으로 시작되었다. 좋은 직장에 사표를 던지고, 비싼 자동차와 커다란 집도 팔아 버리고 미니멀리스트의 삶을 꾸려 나가기 시작한 조슈아와 라이언은 웹사이트와 책을 통해 2000만 명 이상의 독자들에게 미니멀리즘의 가치를 알리고 있다. 조슈아는 다음과 같이 말했다. "나는 금욕주의자도, 더더욱 (신기술을 반대하는) 러다이트도 아니다. 다만 집에 인터넷과 전화 없이 두 달 동안 살아 보고, 1년간 소유하기 위한 물건을 전혀 구매하지 않아 보기도 한다. 집에 텔레비전 없이 살아보기도 하고, 목표 없이 살아 보기도 하고 있다."**

이런 미니멀리즘이 바로 지금 각광을 받는 이유는 무엇일까? 행

• https://www.theminimalists.com/minimalism/.
•• https://www.theminimalists.com/about/#the_mins.

복을 추구하는 사람들이 더 많아져서일까? 그것도 한 가지 이유인 듯하다. 미니멀리즘의 트렌드는 공유경제의 가장 강력한 지지자인 밀레니얼 세대의 성향과 일치하는 측면이 많다. 해리스폴과 이벤트브라이트의 설문에 따르면, 밀레니얼 세대의 78퍼센트가 소유보다는 경험을 원한다. 베이비붐 세대의 59퍼센트가 경험을 원한다고 답한 것과 비교하면 크게 높은 수준이다. 소비를 통해 희열을 얻던 시대는 지났다. 부모 세대의 물질적 풍요 덕분에 풍부한 문화적 소양을 얻은 젊은이들은 부모 세대의 집이 금융위기로 모래성처럼 무너져 내리는 것을 보고 '욜로(You Only Live Once)'를 외치며 미래를 위해 '바로 지금'의 행복을 포기하지 않으려 한다.

조슈아와 라이언은 책에서 다음과 같이 말했다. "우리는 둘 다 여섯 자릿수의 연봉(10만 달러, 1억 원 이상)의 성공한 스물여섯 살의 젊은 경력직이었다. 그러나 조슈아 어머니의 죽음은 모든 관점을 바꿔 버렸다. 우리는 이 지구상에서 유한한 시간만을 가지고 있다는 것을 알게 되었다."• 라이언은 다큐멘터리 〈미니멀리스트〉에서 이렇게 설명했다. "조슈아가 정말로 행복해 보였습니다. 그에게 왜 그렇게 행복한지 물었고, 그 후로 그와 함께하게 되었죠." 조슈아와

•   Joshua Fields Millburn & Ryan Nicodemus, *Minimalism: Live A Meaningful Life*, 2011, Asymmertrical Press, p.15.

밀레니얼이 강조하는 모든 행위는 진정한 행복을 위한 것이다.

그러나 이것만으로 최근 나타나고 있는 미니멀리즘의 부상을 설명할 수는 없다. 어느 시대든 이런 생각을 가진 사람들은 있었다. 우리나라에서도 미니멀리즘과 같은 맥락으로 성철 스님의 무소유가 주목받던 때가 있었다. 그런데도 지금이 과거와 다른 점은 수많은 사람이 공감하고 기꺼이 삶의 태도를 바꾼다는 데 있다.

이런 광범위한 흐름을 만들어 낼 수 있는 토대가 바로 공유경제다. 공유경제의 등장이 미니멀리즘을 강력하게 뒷받침해 주고 있다. 세계 각국의 도시에서, 마치 현지에서 사는 것처럼 살아 볼 수 있게 도와주는 에어비앤비는 자신의 것을 버리고 새로운 경험을 원하는 이들에게 커다란 행복을 전해 줄 수 있다. 밀레니얼은 그래서 에어비앤비를 사랑한다.

그뿐 아니라 실용적으로 보더라도, 마치 '스트리밍'처럼 트렌드가 빠르게 변화하는 도시의 사람들에게 소유권은 구시대의 유물일 뿐일지 모른다. 남의 것을 손쉽게 빌려 쓸 수 있는 시대가 되었다는 것은 곧 굳이 무언가를 소유하지 않아도 불편하지 않은 시대가 되었다는 뜻이다. 불확실성의 시대에 주어져 있는 제한된 자원을 하나씩 연결하고, 이를 바탕으로 빠르게 변화하는 외부 환경에 대응할 수 있는 유연함을 제공해 주는 공유경제 플랫폼은 미니멀리즘의 확산에 지대한 영향력을 발휘하고 있다고 해도 과언이 아니다.

미국 시카고에서 경험해 볼 수 있는 에어비앤비 '인어처럼 수영해 보기' 트립.
(사진: 에어비앤비, https://www.airbnb.com/experiences/22022)

'소유의 종말'은 공유경제의 부상을 동반한다. 미니멀리즘과 밀레니얼, 공유경제가 동시대에 같은 문화적 코드를 공유하며 함께 확산하고 있다는 점은 결코 우연이 아니다.

개발 시대의 소비만능주의는 베이비붐 세대의 물질만능주의를 만들어 냈고, 그 후 소비가 미덕인 사회의 부작용을 맞닥뜨린 X세대는 허무주의에 빠져들었다. 이제 저성장 시대에 등장한 밀레니얼은 공유경제와 미니멀리즘을 떠올리며 이전 시대를 매듭짓고 있다.

소비만능주의의 폐해를 지적하며 공유경제의 시대를 찬양하는 미국의 공유경제 전문가 레이철 보츠먼은 《위 제너레이션》에서 다음과 같이 강조했다. "개인과 공동체가 소비지상주의를 뛰어넘어 인생의 의미와 연합을 회복하는 강력한 예시가 우리 눈 앞에 펼쳐지고 있다."•

행복을 추구하려는 열망이 만들어 낸 미니멀리즘에 저성장 시대에 적응한 자본주의의 산물인 공유경제가 뒤섞여 있다는 사실은 그 자체로 흥미롭다.

• 《위 제너레이션》, 레이철 보츠먼·루 로저스, 이은진 옮김, 모멘텀, 2011, 94쪽.

밀레니얼이
만드는 도시

요즘 도시의 트렌드를 주도하는 이들은 밀레니얼 세대다. 이들은 '핫 플레이스'를 발굴하고 퍼뜨리며, 외국인들과 교류하기 쉬운 공유 사무실을 이용한다. 또 에어비앤비 같은 공유경제 서비스를 적극적으로 사용한다. 밀레니얼 세대가 이 모든 트렌드의 중심에 서 있다는 점은 놀라울 정도다.

우선 밀레니얼은 지금까지는 주목받지 않았던 골목길을 조명하며 '핫 플레이스'를 만들고 있다. 이들이 '핫 플레이스'를 만들었다는 증거는 서울시가 카드 매출 데이터를 이용해 조사한 결과가 담긴 책 《도시의 재구성》에서 찾아볼 수 있다. 이 책을 보면, 서울 마포구 상수 지역에서 매장들의 매출 중 20대가 구입한 금액의 비중은 2013년 41.5퍼센트, 2014년 46.8퍼센트, 2015년 51.7퍼센트 등으로 크게 늘었다.[*] 2014년과 2015년은 서울 마포구 상수동 상권이 크게 주목을 받으며 '핫 플레이스'로 발돋움하던 때다.

20대 밀레니얼을 끌어들이는 동네는 사실상 주거지가 상업지로 바뀌는 등의 커다란 변화가 나타난다. 획일적인 아파트에서 대부분

----

[*] 《도시의 재구성》, 음성원, 이데아, 2017, 60쪽.

2017년 8월 서울 연남동의 밤 풍경. 밀레니얼이 모여 만들어진 '핫 플레이스'다.

의 삶을 보낸 상당수의 밀레니얼은 1980~90년대에 지어진 주거용 건물이 상업용으로 바뀌면서 생기는 독특함에 마음을 빼앗겼고, 건축업자들은 이들을 겨냥해 재생건축에 적극적으로 나섰다. 이는 어쩌면 당연한 일인지도 모른다. 외국인들이 한국에 오면 한옥을 경험하고 싶어 하는 것과 같은 이치다. 지금까지는 낡은 것 정도로 치부되던 것들이 '현재'의 표준 바깥으로 벗어나면서 독특한 자산 으로 여겨질 수 있게 되었다.

특히 밀레니얼에게는 1970~80년대의 건축이 신기하고 놀라운 것으로 여겨질 수밖에 없다. 이들은 또 문화적인 혜택을 많이 받은 만큼 미적 감각과 감수성 또한 이전 세대와 비교할 수 없을 정도로 높다. 시간이 채색한 낡은 것의 가치, 다양성의 가치를 발견해 낼 수 있는 세대다. 젊은이들이 모이는 곳에는 그들과 같은 곳에서 함께 놀아 보고 싶은 '아저씨'들도 따라 들어오며 상업지로서의 기능이 더욱 활발해진다. 이렇게 생긴 '핫 플레이스'가 바로 상수동, 연남동, 경리단길, 해방촌 등이다. 밀레니얼의 트렌드는 도시에 다양한 방식으로 영향을 준다. 밀레니얼이 모여 만들어진 '핫 플레이스'의 용도가 바뀌는 것처럼 말이다.

그뿐 아니라 밀레니얼은 자동차와 도로에도 영향을 준다. 밀레니얼은 자동차를 소유하려 하지 않기 때문이다. 한국자동차산업협회에 따르면, 2017년 상반기에 30대가 구매한 승용차는 14만 4360대로 전년 상반기의 16만 2422대보다 11.1퍼센트 감소했다.[*] 이 기간 30대의 신차 구매 비중은 18.2퍼센트로, 20퍼센트 이상을 기록하던 때와 비교해 줄어들었다. 일본 역시 마찬가지로, 일본자동차공업협회 조사 결과, 30세 미만 젊은이들의 자동차 면허 발급은 늘었

● 〈차 안 사는 30대, 차 못 사는 30대〉, 《조선일보》, 2017년 9월 18일, http://biz.chosun.com/site/data/html_dir/2017/09/18/2017091802586.html.

지만 소유 비율은 2001년 14퍼센트였던 데 비해 2015년에는 6퍼센트로 줄었다.* 일본 내각부의 조사에 따르면, 20대 가구의 승용차 보유율은 2005년 67퍼센트에서 2015년 49퍼센트로, 10년 만에 18퍼센트포인트 하락했다. 일본에서 자동차 판매량은 1990년 770여만 대를 기록한 이후 계속해서 감소세를 보이고 있다.**

밀레니얼은 자동차 소유에 집착하지는 않지만, 자동차를 아예 사용하지 않는 것은 아니다. 이들은 차량 공유 서비스를 적극적으로 활용한다. 그러다 보니 차량 공유 시장은 크게 확대되고 있다. 한국과학기술정보연구원의 보고서 〈카셰어링 공유경제 관심 속 시장규모 지속적 증가〉를 보면, 차량 공유의 세계시장 규모는 2015년 11억 달러에서 2024년에는 65억 달러에 이를 것으로, 국내 시장 규모는 2016년 1000억 원에서 2020년 5000억 원 규모에 이를 것으로 전망되었다.***

자동차 소유가 줄어들고 공유가 늘어나면 도시는 달라질 수밖에

* 〈살기 힘들어⋯차도 안 사는 일본 젊은이들〉, 《서울신문》, 2017년 7월 18일, http://www.seoul.co.kr/news/newsView.php?id=20170719022007&wlog_tag3=naver.
** 〈[월드 위크엔드] 일 젊은이들 "쇼핑보다 체험이 좋아요"〉, 《서울신문》, 2016년 12월 30일, http://www.segye.com/newsView/20161230002157.
*** 〈카셰어링 공유경제 관심 속 시장규모 지속적 증가〉, 《KISITI 마켓리포트》, 2017년 5월 31일.

없다. 세계경제포럼이 낸 보고서 〈공유경제의 이해(Understanding the Sharing Economy)〉에서는 뉴욕의 택시 데이터를 활용한 MIT의 연구 결과를 인용하며, 택시 가운데 80퍼센트 정도는 두 명 이상의 승객들이 공유하는 형태로 운행될 것이라고 설명했다.[*] 이는 결국 운행량이 40퍼센트 감소하는 것을 의미한다. 이 같은 현상은 중국에서 이미 일어나고 있다. 우버와 같은 차량 공유 서비스 업체인 디디추싱의 전신이었던 택시 예약 앱 디디다처는 하루 평균 114만 3000건의 승객이 차량을 공유하는 것으로 나타났다. 그만큼 도로 위의 자동차가 줄어들고, 차량을 위주로 한 도시계획이 변화할 가능성이 높아진 것이다.

공유 사무실과 공유 주택 등이 세계적으로 인기를 끌고 있는 이유 역시 밀레니얼이다. 커뮤니티를 기반으로 하는 공유 공간을 밀레니얼은 아주 좋아한다. 이들은 다른 이들과 교류하고 싶어 하고, 그 교류를 통해 새로운 경험을 얻고 싶어 한다. 디자인과 새로운 트렌드에 민감하다 보니 잘 꾸며진 공간을 선호한다. 세계적인 공유 사무실 위워크는 입주한 스타트업들에게 제공하는 사무실의 크기는 작고 단순하기 그지없지만, 공유 공간은 널찍하고 여유 있게, 그

• http://www3.weforum.org/docs/WEF_Understanding_the_Sharing_Economy _report_2016.pdf.

리고 디자인에 세심하게 신경을 써 꾸며 놓았다. 공유 공간을 카페처럼 화려하면서도 친근하고 편안한 느낌이 들게 해 전용 사무 공간의 협소함을 극복한 셈이다. 공유주택들 역시 전용 방은 좁을지 몰라도 공유 공간은 최대한 넓고 화려하게 만들어 심리적 만족감을 유도하고 있다.

스몰비즈니스랩에 따르면, 공유 사무실은 2007년 전 세계에 14개 정도에 불과하던 것이 2016년에는 1만 1100개로 증가했으며, 2020년에는 2만 6078개로 늘어날 것으로 전망될 정도로 인기가 높다.[*] 한국에는 위워크 외에도 패스트파이브, 블랙스튜디오 등이 있는데, 특히 외국계 공유 사무실을 사용할 경우 외국인 스타트업 운영자들과 네트워크를 쌓을 수 있다는 큰 장점이 있다. 한국에서 최근 '외사친'이라는 단어가 뜨고 있는 현상에서 볼 수 있듯이, 밀레니얼은 손쉽게 외국인들과 교류할 수 있는 공유 사무실 플랫폼을 선호한다.

숙박 분야에서도 밀레니얼의 영향은 크다. 글로벌 여행 커뮤니티 플랫폼 에어비앤비가 낸 보고서 〈에어비앤비와 밀레니얼 여행의 부상(Airbnb and the Rise of Millennial Travel)〉을 보면, 밀레니얼은 빚을

[*] https://www.smallbizlabs.com/2016/08/coworking-forecast-44-million-members-in-2020.html.

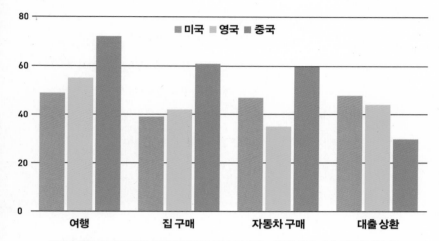

내어 집을 사는 것보다 여행을 더 우선순위에 두고 있으며, 80퍼센트 이상의 밀레니얼이 여행할 때 더 모험적이고 지역적 특색이 있는, 개인적이고 독특한 경험을 원한다고 설문에서 밝혔다. 에어비앤비 게스트의 약 60퍼센트는 밀레니얼이다. 밀레니얼은 설문에서 유명한 관광지보다는 지역적 특색이 있는 '로컬' 동네를 더 좋아하고(미국 55퍼센트, 영국 53퍼센트, 중국 56퍼센트), 숨겨져 있는 '로컬' 장소를 찾아내는 것을 좋아하며(미국 53퍼센트, 영국 57퍼센트), 특히 '로컬' 레스토랑에서 음식을 먹는 것을 좋아하는(미국 75퍼센트, 영국 71퍼센

트, 중국 65퍼센트) 것으로 나타났다.[*]

여기에 이르면 연남동과 상수동, 경리단길 등 '핫 플레이스'를 찾는 이들과 에어비앤비를 이용해 '로컬'을 경험해 보려는 이들이 다르지 않다는 것을 눈치챌 수 있다. 한국에서 나타나는 도시적 경험이 에어비앤비로 대표되는 세계적인 여행 트렌드와 동조 현상이 나타나는 데는 밀레니얼이라는 키워드가 숨어 있는 셈이다.

여행의 거대한 트렌드가 바뀌고 있다

무언가에 얽매이지 않으면서도 최신 유행을 빠르게 따라잡는, '역대 최상급의 스펙'이라는 말을 들을 정도로 수준 높은 교육을 받았으면서도 경제적으로는 취약한 젊은이들. 이들은 어린 시절부터 스마트폰을 이용하며 소셜 미디어를 적극적으로 이용한다. 이들을 이르는 밀레니얼 세대는 전 세계가 지금까지 찾아보지 못했던 새로운 '전형'을 만들어 나가고 있다.

[*] "Airbnb and The Rise of Millennial Travel," airbnb, Nov. 2016, https://www.airbnbcitizen.com/wp-content/uploads/2016/08/MillennialReport.pdf.

밀레니얼은 독특한 거리에서 맛있는 음식을 먹는 체험을 원한다. (사진: 에어비앤비)

　영미권에서는 이들을 주목하는 연구가 활발히 이루어지고 있고, 한국에서도 서서히 주목하기 시작하고 있다. 온라인 호텔 예약 사이트 호텔스닷컴이 전 세계 밀레니얼 6788명(한국인 300명 포함)을 대상으로 조사한 '여행 버킷리스트' 설문에서 흥미로운 결과가 나왔다.* 응답자의 35퍼센트가 유명 관광지보다는 작은 지방 도시를 방문하고 싶어 한다고 답했다. 잘 알려지지 않은 거리 여행하기(35퍼센

●　〈2017 밀레니얼 여행 트렌드 발표 밀레니얼 세대 35%, "유명 관광지보다 지방 도시로 여행 갈래요"〉, 호텔스닷컴, 2011년 11월 9일.

트), 독특한 거리 음식 체험하기(33퍼센트), 새로운 언어와 기술 습득하기(33퍼센트) 등의 항목이 파리의 에펠탑, 중국의 만리장성과 같은 유명 관광지에 대한 선호를 앞섰다. 특히 한국인 응답자는 독특한 거리 음식 체험하기(47퍼센트)가 1위를 차지했으며, 뒤이어 여행지에서 저녁거리를 구해 직접 만들어 먹기(40퍼센트), 친구 혹은 가족과 작은 시골 마을을 걸어서 여행하기(33퍼센트) 등을 골랐다.

　이는 일반 가정집을 활용한 호스트의 환대 서비스를 하나의 상품으로 만들어 낸 숙박 공유 플랫폼 에어비앤비의 폭발적인 성장과 그대로 맞물리는 조사 결과다. 밀레니얼이 원하는 여행은 예전과는 완전히 다르다. 독특한 여행 경험을 원하는 이들은 공장에서 찍어 낸 듯한 전형적인 관광을 원하지 않는다.● 전형적인 관광지에 있는 대형 호텔보다는 남들이 잘 모르는 골목길 안에 있는 에어비앤비 숙소에 들어가 그 지역 사람들이 즐기는 '로컬' 문화를 즐기려 한다. 에어비앤비를 이용하면 집주인인 호스트에게서 잘 알려져 있지 않은 주변의 특별한 곳을 소개받을 수 있다. 밀레니얼 트렌드를 기반으로 세계 관광의 트렌드는 빠르게 변화하고 있고, 에어비앤비가 그 흐름을 타고 있는 셈이다.

● "Why Millennials Love Airbnb," *Hospitalitynet*, Jan. 19, 2017, https://www.hospitalitynet.org/opinion/4080454.html.

식음료 Food and Drink	29%
예술 Arts	14%
스포츠 Sports	10%
라이프 스타일 Lifestyle	9%
자연 Nature	9%
음악 Music	9%
엔터테인먼트 Entertainment	7%
역사 History	6%
패션 Fashion	3%
웰빙 Wellness	2%
바/클럽 Nightlife	2%

가장 인기 있는 트립 카테고리. (2017년 8월 18일~11월 16일, 자료: 에어비앤비)

에어비앤비는 이런 트렌드를 포착해 2016년 11월, 숙박 공유에 이어 개인의 경험을 공유하는 '에어비앤비 트립'을 시작했다. 2017년 11월 16일 트립 1주년을 맞아 발표한 조사 결과를 보면, 이날을 기준으로 40개 이상의 도시에서 3100개 이상의 트립이 플랫폼에 등록되어 있다. 트립 게스트의 주간 이용 숫자는 2017년 1월 이후 11월까지 20배 증가했으며, 이들은 평균 55달러를 지불했다. 이와 관련하여 트립 예약의 29퍼센트가 식음료 카테고리에서 이뤄졌으며, 3분의 2 정도가 서른다섯 살 이하인 것으로 나타나는 등 밀레니얼과 미식가가 에어비앤비 트립의 성장을 이끈 것으로 분석되었다.[•] 여행자들은 개성 있는 숙소에서 묵고 싶어 하고, 현지인처럼 도시를 체험하고 싶어 한다.

밀레니얼이 만들어 내는 강력한 트렌드는 관광이라는 측면에서 특별한 존재인 중국과 연결되면서 더욱 큰 파괴력을 만들어 내고 있다. 중국인 밀레니얼 세대는 세계 관광의 흐름을 완전히 다르게 바꿔 낼 것으로 보인다. 블룸버그는 이들을 두고 "중국인 밀레니얼 부대(An Army of Chinese Millennials)"[••]라 표현하며 주목하고 있다. 블룸버그에 따르면, 18~34세 중국인들의 해외여행은 2016년 기준 전체 여행의 60퍼센트를 차지했으며, 1500억 달러 이상을 썼다. 마스터카드는 중국인의 해외여행 증가율이 2021년까지 8.5퍼센트 성장할 것으로 전망했다. 이는 전 세계 관광 성장률보다 2배 이상 빠른 속도다. 4억 명에 이르는 중국인 밀레니얼 세대는 이 성장률에서 커

• "What's Driving Airbnb Experiences One Year Later? Foodies, Millennials & Solo Travelers," airbnb, Nov. 16, 2017, https://press.airbnb.com/whats-driving-airbnb-experiences-one-year-later-foodies-millennials-solo-travelers/.
•• "An Army of Chinese Millennials Is Reshaping Global Travel," *Bloomberg Businessweek*, Nov. 3, 2017, https://www.bloomberg.com/news/articles/2017-11-02/an-army-of-chinese-millennials-is-reshaping-global-travel.

다란 비중을 차지하고 있다. 이들 중국인 밀레니얼 세대 역시 미국과 유럽의 밀레니얼 세대와 크게 다르지 않다. 그 어느 때보다 중국의 경제적 위치가 높은 시기에 등장한 세대이면서, 소셜 네트워크로 연결되어 있어 트렌드에 민감한 이들이기 때문이다.

에어비앤비의 최고전략책임자(Chief Strategy Officer, CSO)이자 중국 사업부 대표를 맡고 있는 네이선 블러차직(Nathan Blecharczyk)은 2016년 11월 9일 베트남 다낭에서 열린 아시아태평양경제협력체(APEC) 정상회의에서 "중국은 에어비앤비 사업 그리고 숙박 공유업이 가장 빠르게 성장하고 있는 국가"이고, "중국인은 미국인보다 해외여행에 훨씬 큰 비용을 지불하고 있으며, 젊은 인구를 기반으로한 중산층의 영향력이 커지고 있다"고 밝혔다.

밀레니얼 세대의 행동 양태는 단지 이들만의 이야기가 아니다. 기성세대 역시 밀레니얼 세대만큼 빠르게 새로운 시대에 적응하려하고 있기 때문이다. 물론 이들이 밀레니얼 세대를 따라잡을 일은 없겠지만, 디지털 기술을 빠르게 습득하는 등 '밀레니얼적' 행동양식에 적극적으로 동참한다는 점은 주목해야 한다. 그런 점에서 밀레니얼의 중요성은 한국에서 '인구 비중 20퍼센트(2015년 인구주택총조사 만 20~34세 기준)' 수준으로 그치지 않는다. 또한 미국 등 선진국의 밀레니얼 트렌드와 소셜 미디어로 손쉽게 결합되며 훨씬 큰 영향력을 발휘할 것이라는 점을 인식해야 한다.

이 같은 밀레니얼의 트렌드는 우리 도시가 새로운 관광 트렌드를 받아들이기 위해 어떻게 대응해야 할지에 대한 힌트를 준다. 역사적 독특함이 살아 있는 작은 골목길의 다양성을 살릴 것인가, 아니면 땅을 밀어 거대한 필지에 현대식 빌딩을 지어 올릴 것인가. 호텔 같은 대형 사업자를 키울 것인가, 아니면 에어비앤비 같은 소규모 자영업자의 다양성을 융성시킬 것인가. 이 선택의 결과가 한국 관광산업의 미래에 큰 획을 그을지도 모른다.

5

공유하는 공간의
특징

66 화려하고 멋진 공유 공간을 즐기기 위해서는
함께 도시를 사용하는 사람이 많아야 한다.
많은 이들에게 세금을 거둬야 좀 더 많은 돈을 모아
공공 인프라에 투자할 수 있기 때문이다. 하지만 인구는 줄고
소득 역시 줄어드는 시대에 접어들었다.
그렇다면 공유 공간을 어떻게 만들어 낼 수 있을까? 99

공유하는 공간은
교류를 이끈다

"개인의 번영은 새로운 것을 경험하는 데서 온다. 새로운 상황,
새로운 문제, 새로운 통찰력, 개발하고 공유할 수 있는 새로운
아이디어가 그런 것들이다."•

경제학자 에드먼드 S. 펠프스(Edmund S. Phelps)는 《대번영의 조건
(Mass Flourishing)》에서 위와 같이 말했다. 현대사회에서 교류는 혁신
의 토대다. 도시가 번성할 수밖에 없는 것은 바로 이 때문이다. 세

• 《대번영의 조건》, 에드먼드 펠프스, 이창근·홍대운 옮김, 열린책들, 2016, 5쪽.

계적으로 도시는 점점 확대되고 있다. UN의 세계 도시 인구 전망에 따르면, 도시 인구 비율은 1950년 30퍼센트, 2014년 54퍼센트에서 2050년에는 66퍼센트로 늘어날 것으로 보인다.*

혁신을 일으키는 교류의 힘에 대해, 글레이저 교수는 일을 아주 잘하는 점원들과 함께 일하는 점원들의 평균 생산성이 크게 높아졌다는 연구 결과(Mas and Moretti, "Peers at Work")를 제시하며 '인적 자본의 외부효과'**라는 표현을 내세운다. 도시는 사람을 교류시켜 아이디어를 전이시키고, '유레카'를 외칠 수 있는 계기를 마련해 준다.

사람들은 서로 우연히 마주치면서 서로에 대해 조금씩 익숙해지고, 교류를 할 수 있는 토대를 만들어 나간다. 여러 차례 우연히 마주치는 사람과는 조금씩 인사를 하며 안부를 묻게 되고, 조금씩 친밀감이 높아지게 된다. 평상시에는 교류의 기회가 전혀 없던 사람들과의 이런 만남은 융합적 사고를 끌어낼 수 있는 중요한 밑바탕이 된다.

그래서 도시 설계에서는 교류를 극대화하는 형태 중 하나로 서로 걸어 다니며 우연한 만남을 일으킬 수 있도록 하는 '걷기 좋은 도시' 등의 개념이 각광을 받고 있으며, 도시 안의 건축에서도 역시

•   "World Urbanization Prospects," UN, 2014, p.1, https://esa.un.org/unpd/wup/publications/files/wup2014-highlights.pdf.
•• 《도시의 승리》, 에드워드 글레이저, 이진원 옮김, 해냄, 2011, 64쪽.

교류를 유발하는 건축 설계가 중요하게 여겨지고 있다. 에어비앤비 싱가포르 오피스는 바로 이런 점에서 탁월하다. 다른 부서, 다른 팀 사람들과 자연스럽게 만날 수 있도록 하고 있기 때문이다. 여러 부서 또는 팀의 직원들이 각자의 일에서 뻗어 나온 고민에 관해 대화하다 보면, 이전에는 생각지 못했던 새로운 발상을 얻게 될 가능성이 크다. 교류는 융합적 사고, 창의적 접근을 가능케 하는 촉매제다. 에어비앤비 싱가포르 오피스의 공간 구조는 바로 이 점을 강조한다. 이곳의 핵심 코드는 교류와 소통이다.

에어비앤비는 또한 오피스를 집처럼 편안한 공간으로 만들고 가고 싶은 곳으로 만들어 냈다. 에어비앤비 아시아태평양 본부는 싱가포르 중심가의 세실 스트리트에 있는 14층 빌딩 중 3개 층을 이용하고 있다. 오피스에 들어서면 계단이 단번에 눈을 사로잡는다. 눈에 띄는 살구색인 데다 조명을 이용해 더욱 돋보이게 연출해 놓았기 때문이다.

아울러 계단은 완전히 노출하지 않고 정사각형 구멍이 숭숭 뚫린 콘크리트로 감싸 두었다. 이런 방식은 조명과 함께 어우러지며 신비감과 호기심을 불러일으킨다. 이는 사람들이 계단에 가까이 가도록 유도하거나 즐겁게 오르내릴 수 있도록 하는 심리적 장치다.

계단을 오르내릴 때마다 사각 구멍을 통해 보이는 다양한 오피스 풍경은 역동적인 느낌이 들게 한다. 또 맨 꼭대기 층에서 계단

에어비앤비
싱가포르
오피스
계단실.

밑을 내려다보면 3개 층 높이의 깊이감을 느낄 수 있어 흥미롭다. 계단 하나로 오피스에 '재미'라는 요소를 담아냈다.

특히 계단은 본질적으로 공간을 연결하는 기능을 한다. 이곳은 3개 층으로 나뉜 거대한 오피스 공간을 하나로 이어 주는 중요한 가교 구실을 한다.

에어비앤비 싱가포르 오피스의 또 다른 특징은 층마다 다른 종류의 식당이 있다는 점이다. 맨 아래 층의 식당은 아침 식사를 위한 공간, 중간 층의 식당은 커피나 음료수 등을 마시는 데 최적화되어 있는 공간이다. 맨 위 층의 식당은 점심 식사는 물론 대규모 파티를 할 수 있는 공간이다.

세 곳의 식당을 구분한 것 역시 교류를 위해서다. 식사를 하고 커피를 마실 때마다 서로 다른 공간으로 이동해야 하는 상황을 만들어 '우연한 만남'을 늘리고자 한 것이다. 맨 위의 대형 식당 외에 아래 두 층의 식당은 모두 중앙 계단 바로 옆에 배치되어 있다. 계단을 오르내리는 사람들과 식당을 오가는 사람들이 끊임없이 마주치고 교류할 수 있도록 설계한 것이다. 누구나 모이게 되는 공간이 있다는 것은 굉장히 중요하다. 3개 층으로 구분된 오피스에서 눈에 띄는 계단과 그에 붙은 식당의 존재는 굉장히 의미가 크다. 단순히 평면으로 공간을 넓게 펼치지 않고 층으로 3개 공간의 용도를 구분하되 사람들이 자연스럽게 모이는 장소를 만들어 냈다는 것은 공

에어비앤비 싱가포르 오피스 3층 식당(위)과 2층 카페(아래)

간 활용과 커뮤니케이션의 정석을 보여주는 시도라고 볼 수 있다.

식당들은 카페처럼 꾸며 놓았다. 특히 중간 층의 식당은 도시 속에서 찾아볼 수 있는 예쁜 카페처럼 꾸몄다. 젊은 사람들이 카페에서 일하는 것을 좋아한다는 점에 착안했다. 에어비앤비는 스타트업답게 젊은 직원들이 매우 많다. 이들은 이곳에 자유롭게 앉아 동료들과 많은 대화를 나눈다.

공유경제, 규모의 경제 그리고 콤팩트시티

도시는 공유를 기반으로 움직인다. 내 집을 나서는 순간 만나는 모든 것은 공공 인프라 또는 돈을 내고 이용하는 사적 영역들이다. 도로, 그 위를 달리는 버스, 신호등, 지하철, 광장, 공원, 도서관 등은 각자가 세금이라는 형태로 기여를 한 뒤 다시 쏟아부어 만들어낸 공유 시설이다.

이 관점에 따르면, 공유의 시대에 접어들며 요즘 큰 인기를 끌고 있는 공유 사무실이나 공유 주택을 조금 더 냉정하게 바라볼 수 있다. 공유 시설은 규모가 굉장히 중요하다. 공유 시설의 양과 질을 좌우하기 때문이다. 공유경제의 시대 역시 규모의 경제가 적용된다. 국내에 들어와 있는 미국 공유 오피스 업체인 위워크의 을지로점은 사용 중인 빌딩의 한 층에 무려 100명이 들어와 파티를 할 수 있는 공유 공간을 마련해 두고 있다.

이렇게 커다란 시설을 고객들에게 제공할 수 있는 것은 바로 규모의 힘 때문이다. 위워크 7층에서 16층까지 10개 층마다 빼곡히 자리 잡고 있는 사무실은 비좁다고 말할 수 있을 정도다. 하지만 화려한 대규모 공유 시설을 쓸 수 있고, 드래프트 맥주와 커피 등을 공짜로 즐기는 등 각종 편의 시설(amenity)을 즐길 수 있다는 점 때문에 비좁은 사무실에는 눈길이 가지 않는다. 이것은 정교하게 설계된 심리 게임이요, 그 심리를 이끄는 건축적 장치이기도 하다. 이는 객실이 많은 호텔일수록 화려한 로비와 수영장 등의 시설을 제공할 수 있는 것과 다르지 않다. 또한 대단지 아파트일수록 더욱 큰 공원과 공유 공간을 갖출 수 있는 것과도 비슷하다. 공유경제에서는 규모의 경제가 작동한다.

반대로 규모가 크지 않으면 화려한 공유 공간을 만들어 낼 수 없다. 그 공간을 만들어 내는 비용을 충당할 만한 수입이 만들어지지 않기 때문이다. 공유경제의 참여자가 N분의 1로 비용을 쪼개어 자원을 투입해야만 공유 공간이 만들어진다. 최근 무수히 등장하는 공유 주택은 대개 50평 정도 규모의 아파트에 10명 정도가 산다. 규모가 작다 보니 공유 공간도 크고 화려하기가 쉽지 않다. 시사 주간지 《한겨레21》에서는 이 같은 형태의 셰어하우스를 두고 "현대판 고시원"●이라 하기도 했다.

다시 도시 이야기로 돌아와 보자. 화려하고 멋진 공유 공간을 즐기기 위해서는 함께 도시를 사용하는 사람이 많아야 한다. 많은 이들에게 세금을 거둬야 좀 더 많은 돈을 모아 공공 인프라에 투자할 수 있기 때문이다. 하지만 인구는 줄고 소득 역시 줄어드는 시대에 접어들었다. 그렇다면 공유 공간을 어떻게 만들어 낼 수 있을까? 축소도시가 등장하면서 도시 고밀도 개발을 통해 지속 가능한 도시 공간 형태 조성을 지향하는 '콤팩트시티(압축도시)' 모델이 서서히 고개를 들고 있는 것은 이 때문이다. 일본 국토교통성은 인구 감소로 소도시의 도시 기능이 약화되자 지자체의 콤팩트시티 사업을 지원하고 있다. 사람들을 한곳에 모아야만 공유 공간이 더욱 효율적으로 개개인에게 제공되기 때문이다.

공유경제의 흐름 역시 콤팩트시티처럼 한곳에 집중되고, 규모의 경제가 작동하며 대규모 공유 사업자가 우위를 점하는 방향으로 흘러갈 것이다. 도시가 제공하는 공유 공간이 얼마나 뛰어난지에 따라 이 흐름의 속도가 정해질 것이다.

● 〈9억짜리 아파트 50만 원에 살다〉, 《한겨레21》, 2017년 9월 18일(1180호), http://h21.hani.co.kr/arti/cover/cover_general/44193.html.

우리가 사는 세상의 인구는 점점 줄어들지만, 더욱더 한곳에 집중적으로 모여 살려는 경향이 짙어지고 있다. 그래야 인프라 투자 비용을 아낄 수 있기 때문이다. 이 같은 '콤팩트시티'의 경향성은 전 세계적으로 벌어지고 있는 도시화 현상, 젊은 사람들의 도시 쏠림 현상 등의 트렌드로 나타난다. 그래서 도시는 불평등하다. 쏠림은 항상 가속화되기 마련이다. 또한 콤팩트시티 안에서도 자원을 최적으로 활용하기 위해 용도가 팝업(pop-up, 갑자기 툭 튀어나옴)처럼 툭 등장하는 '팝업시티'의 시대는 점점 더 빨리 다가올 것이다.

6

도시를 살리는
공유의 힘

66 어떤 지역이든, 작은 동네든 큰 동네든 그 공간을 사용하는 이들이
원하고 기대하는 바는 시간의 흐름에 따라 바뀔 수밖에 없다.
그 변화를 따라잡는 동네는 영화를 이어 갈 것이고, 그렇지 못하는 공간은
쇠퇴할 수밖에 없다. 쇠퇴하는 공간, 그래서 빈집이 많은 지역,
사람이 떠나려는 도시를 어떻게 되살릴 것인가? 99

공유경제가
새로운 문화를 만드는 방법

"에어비앤비 고객들에게 조금 더 세심한 신경을 쓰고 있습니다. 대중교통, 편의 시설 등을 안내해 드리고 급할 때 응급약 등을 제공하며 불편함이 없게 이용할 수 있도록 노력하고 있습니다. 여행사나 기타 소셜 미디어를 통해 방문하는 분들보다 에어비앤비 고객들은 조금 더 친근하다고 해야 할까요?"

"다른 경로로 오는 손님보다 에어비앤비를 통해 방문하는 손님들이 예의나 의사소통 등의 측면에서 수준이 높습니다."

"숙박 중개업체로서 에어비앤비를 가장 선호합니다."

에어비앤비가 2016년 "당신의 호스팅 경험에 대해 듣고 싶다"며 실시한 설문조사에서 한국에 있는 호스트들의 답변 중 일부 내용이다. 2017년 12월 7~8일에 강원도에서 직접 만난 에어비앤비 호스트들의 이야기도 크게 다르지 않았다. 강릉의 한 호스트는 이렇게 말했다.

> "에어비앤비가 참 좋은 점이 국내 게스트들이 다른 채널로 오는 손님보다 훨씬 깨끗하고 친절해요. 숙소를 깨끗하게 사용하고, 오히려 작은 서비스에 감동하시고. 우리가 고마워해야 하는데, 그분들이 더 고맙다고 합니다."

에어비앤비를 통해 방문하는 손님들은 왜 다를까? 에어비앤비가 뭐길래? 에어비앤비라는 이름에서 기대하는 것은 다른 것과 어떻게 다른 걸까? 에어비앤비 게스트는 플랫폼에서 호스트를 찾을 때부터 호스트와의 '교류', '경험', '살아 보기' 등의 단어를 떠올린다. 교류를 원하는 게스트들은 에어비앤비를 통해 숙소를 찾는다.

이런 기대감을 갖고 에어비앤비 숙소를 방문한 이들은 자신이 기대하는 것과 비슷한 방식으로 상대를 대한다. 호스트들은 이전에는 무미건조하고 기계적으로 손님을 맞아왔을지도 모른다. 하지만 새로운 태도는 다른 응대를 이끈다. 단순한 숙박이 아니라 환대와 교류를 마케팅 포인트로 들고나온 에어비앤비 플랫폼은 이를 하나의 표준으로 만들어 냈다. 에어비앤비는 플랫폼을 이용하는 사람들에게 환대와 교류가 당연하다는 인식을 심는 데 성공했다. 에어비앤비의 브랜딩 효과는 에어비앤비 확산과 맞물려 새로운 관광 문화를 이끌어 냈다.

공유경제는 저성장 시대에 같은 물건을 시간대별로 나눠 쓰거나 여러 사람이 쓸 수 있는 공유 공간을 만드는 방식으로 경제적 이익을 창출하려 한다. 그렇기에 필연적으로 사람들 간의 연결을 불러일으키고, 새로운 문화를 만들어 내려 노력한다. 플랫폼은 규칙을 만들고, 그 규칙은 사람 간의 관계를 매끄럽게 만드는 방식으로 꾸며진다. 그 규칙이 사람들의 인식과 행동으로 확산되면, 그것은 또 문화로 진화한다. 사람들 간의 관계를 어떻게 만드느냐가 바로 공유경제의 작동 원리라면, 사람들 간의 관계가 어떻게 정립되어 있느냐는 '문화'의 실체이기도 하다.

네덜란드의 벤치스컬렉티브(BenchesCollective)● 역시 공간의 공유를 통해 교류를 활성화하는 시도를 하고 있다. 이들이 시도하는 방식은 어찌 보면 단순하다. 참여자들이 자신의 집 앞 남는 공간에 벤치를 두도록 하는 것이다. 집 앞의 벤치는 사람을 모으고, 순식

● http://www.bankjescollectief.nl/en/.

네덜란드의 벤치스컬렉티브가 고안해 낸 집 앞 공간의 사용법. (사진: 벤치스컬렉티브)

벤치스컬렉티브는 벤치(의자)를 공유함으로써 시민들의 교류를 확산시키는 문화를 만들어 낸다. (사진: 벤치스컬렉티브)

간에 커다란 야외 카페를 만들어 낸다.

벤치스컬렉티브는 벤치를 놓는 단순한 행위 하나가 좋은 동네를 만들어 낼 수 있다고 강조한다. 공유 벤치는 동네 사람들이 서로 쉽게 만날 수 있게 해주고, 대화를 불러일으키며, 이를 통해 더 좋은 커뮤니티를 만들어 낼 수 있게 도와준다. 사람들이 의자를 보면 그 디자인과 역사적 쓰임새를 떠올리며, 앉아 머문다는 인식을 갖게 된다.

'환경심리학'에서는 사람들이 서로 교류하는 공간을 꾸밀 때 소파나 벤치처럼 사람의 긴장감을 풀어 주는 가구를 활용한다. 이렇게 만들어지는 공간을 환경심리학에서는 '사회구심력(sociopetal)'이 강하다고 하는데, 이런 공간의 특징은 사람을 끌어들이고 교류를 일으킨다는 점이다.

2018년 6월을 기준으로, 2014년 이후 20개국 이상의 나라에서 1500개 이상의 벤치와 공간이 야외 카페로 공유되고 있다. 벤치스컬렉티브에 따르면, 벤치에서 만난 사람들의 64퍼센트는 그 만남을 계속해서 이어 간다. 부자와 그렇지 않은 이들, 막 이사 온 사람과 오랫동안 살아온 주민, 높은 수준의 교육을 받은 사람과 그렇지 못한 사람들 간의 간극이 점점 멀어지고 서로 다른 배경을 가진 이들이 교류하기가 점점 어려워지고 있는 지금, 벤치가 공동체를 되살릴 수 있다고 이들은 주장한다.

에어비앤비가 환대 문화를 상품에 녹여 세계인들에게 확산시키는 것처럼, 벤치스컬렉티브는 의자 하나로 시민들의 교류를 확산시키는 문화를 만들어 낸다. 벤치의 모습과 에어비앤비라는 이름에서 '무릇 그럴 것'이라는 인식으로 이어진다. 이 공감대는 문화를 바꿀 수 있는 힘을 가진다는 점에서 인상적이다. 개개인이 각자 벤치나 에어비앤비에서 연상하는 이미지가 같다면 그것은 변화를 만들어 낸다. 최근 빠르게 확산되고 있는 공유 사무실이나 셰어하우스 역시 함께 쓰는 공간의 인테리어, 구조를 통해 하나의 이미지를 만들어 낸다. 여기에 더해 드라마와 소셜 미디어에 등장하는 화려한 이미지가 더해져 새로운 문화가 만들어지고 있다. 특히나 공유경제는 누군가와 함께한다는 점에서 공감대 형성이 필수적인 동시에 반드시 나타나는 결과물이기도 하다. 내가 있고, 남이 있기 때문이다. 무언가를 공동으로 사용하기 위해서는 함께 잘 지내는 방법을 고안해야 한다는 현실적인 이유도 있다.

에어비앤비는 여행이 모두 끝난 뒤 호스트와 게스트가 서로에게 평가를 내리고, 그 평가를 누구나 볼 수 있도록 플랫폼을 설계했다. 내가 2017년 12월 강원도 여행에서 얻은 리뷰는 이랬다.

"따뜻한 미소와 부드러운 목소리가 매력적인 게스트였습니다ㅎㅎ 또 뵙기를 기대합니다^--^"

이런 리뷰를 받아 본 뒤 내가 얻은 것은 마음속 깊은 곳에서부터 차오르는 따뜻함, 그리고 또 다른 여행지로 떠나기 전 느끼게 될 기대감이다. 서로가 교류할 수밖에 없는 시스템으로서의 공유경제가 등장한 지금, 우리는 지금껏 보지 못했던 새로운 문화를 만드는 첫발을 내딛고 있는 시대에 살고 있는지도 모른다.

창조적 장소
만들기

도시재생의 시대에 접어들면서 예술의 가치는 한껏 높아지고 있다. 과거의 도시가 공급자 위주의 시장이었다면 지금의 도시는 수요자 위주의 시장으로 뒤바뀌었기 때문이다. 공급자 위주의 시장에서는 획일적인 스타일로 건물을 지어 내놓더라도 얼마든지 잘 팔렸지만, 수요자 위주의 시장에서는 다양하면서도 꼼꼼한 수요자들의 니즈에 부합하지 않으면 공간을 판매하기 어렵다.

최근 빠르게 늘어나고 있는 여러 코워킹 플레이스 업체들이 공간 디자인과 커뮤니티, 네트워크 등으로 입주자들을 끌어들이려 하는 것도 이 때문이다. 물론 IT 버블 시대 이후 처음이라는 스타트업 부흥의 시대에 소규모 기업을 위한 사무실 대여 시장이 워낙 거대하기도 하지만 말이다.

코워킹 플레이스 업체들의 사례에서 볼 수 있듯이, 디자인은 중요한 서비스로 인식되고 있다. 특히나 젊은 밀레니얼을 중심으로 디자인을 소비하는 시대가 되었기 때문이다. 지금은 공간에 '서비스'를 곁들이는 시대다. 그리고 디자인을 비롯한 예술이 이 서비스의 핵심을 도맡아 하기에 이르렀다.

그래서 현재 영미권에서는 '창조적 장소 만들기'라는 이름으로 예술과 문화를 결합한 도시 만들기 방식이 널리 퍼지고 있다. 〈창조적 장소 만들기(Creative Placemaking)〉라는 논문에서는 창조적 장소 만들기에 대해 "예술과 문화적 활동을 기반으로 경제적·물리적·사회적 장소의 특징을 만들어 나가기 위해 형성하는 공공과 민간, 비영리, 커뮤니티 부문 간 파트너십"*이라 정의한다. 예술과 문화의 힘을 바탕으로 지역 주민들의 흥미를 이끌어 특정 장소를 부흥시킨다는 취지다.

이는 마치 젠트리피케이션 논의에서 예술가의 역할을 설명하는 것과 같다. 예를 들어 뉴욕을 도시적 관점으로 분석한 책 《시티 오브 뉴욕》에서 설명했듯이, 뉴욕 미트패킹 지구의 부흥을 불러일으

---

* Markusen, A. and Gadwa, A.(2010), "Creative Placemaking," Washington DC: National Endowment for the Arts. 시애틀대학교 데브라 웹(Debra Webb)의 논문 "Placemaking and social equity: expanding the framework of creative placemaking"에서 재인용.

에어비앤비 콘서트. 여행자들은 짧은 콘서트를 통해 도시의 숨겨진 장소를 재발견한다.

킨 것은 지금은 사라진 '플로렌트'라는 식당이었다. 플로렌트는 나
체의 종업원, 월가의 넥타이 부대, 할리우드 스타와 동네 아줌마를
한데 뒤섞으며 대안 문화를 만들어 냈고, 미트패킹의 부흥을 이끌
었다.[•]

그렇다면 창조적 장소 만들기를 좀 더 쉽게 할 수 있는 수단은 없
을까? 최근 등장한 플랫폼 경제는 세계인들의 이목을 작은 동네에
서 벌어지는 작은 이벤트에도 집중시키고 있다. 에어비앤비의 트립

• 《시티 오브 뉴욕》, 최이규·음성원, 서해문집, 2015.

서비스가 그중 하나다.

특히 에어비앤비 트립 서비스의 하위 메뉴 중 하나인 '에어비앤비 콘서트'는 예상치 못했던 장소를 콘서트홀로 바꿀 수 있게 도와준다. 여행자들은 에어비앤비 콘서트를 통해 도시의 숨겨진 장소를 발견하는 동시에 떠오르는 음악가의 짧은 콘서트도 즐길 수 있다. 친밀한 듯하면서도 생소한 공간에서 펼쳐지는 예술의 향연은 도시를 풍성하게 만들고, 특정 공간에 대한 사람들의 입소문을 불러일으키며, 동네의 유동 인구 자체를 변화시킬 수도 있다. 예술이 단지 예술로 끝나는 것이 아니라 커뮤니티 속에 녹아들면서 장소 자체를 창조적으로 바꾸는 데까지 이어질 수 있고, 궁극적으로는 주민들의 부수입 창출과 이를 통한 지속 가능한 삶으로도 이어질 수 있다.

무엇보다 기존의 질서와 다른 새로운 환대 문화를 만들어 낼 수 있는 플랫폼은 도시재생의 시대를 이끄는 중요한 도구가 될 것이다.

에어비앤비가 쇠퇴한 작은 마을에 활력을 불어넣은 방법

2017년 4월, 에어비앤비는 일본 나라현의 쇠퇴한 도시 중 한 곳인 요시노 마을에 '요시노 삼나무집'*을 열었다. 요시노 삼나무 집은

1층은 카페로, 2층은 네 명이 묵을 수 있는 에어비앤비 숙소로 구성된 2층짜리 작은 건물이다. 에어비앤비의 공동 창업자인 조 게비아(Joe Gebbia)와 일본의 건축가 하세가와 고, 그리고 요시노 주민들이 함께 만들었고, 2016년 일본 도쿄에서 열린 '하우스 비전' 행사를 통해 대중에 처음 공개되었다.

자, 이 작은 건물이 동네에 어떤 변화를 일으켰을까?

공식적인 첫 손님이 방문한 2017년 4월 7일 이후 1년이 지난 뒤, 우리는 그 통계를 들여다볼 수 있었다. 지난 1년간 전 세계에서 346명의 방문객이 이곳을 찾았다. 방문객 중에는 프리츠커상을 받은 스페인의 건축 스튜디오 RCR아키텍츠[**]의 라파엘 아란다(Rafael Aranda), 카르메 피그엠(Carme Pigem), 라몬 빌랄타(Ramon Vilalta)가 있었다. 프리츠커 상은 건축계의 노벨상으로 불린다. 오스트레일리아의 올림픽 수영 선수를 비롯해 많은 음악가와 예술가도 이곳을 찾았다. 공유경제 플랫폼이라는 현대 기술, 디자이너와 건축가가 창조해 낸 동네와 어울리는 디자인, 지역 장인의 솜씨가 결합된 삼나무집은 여행자들을 끌어들이는 훌륭한 매개체가 되었다.

일주일 가운데 수요일부터 일요일까지만 영업하는 삼나무집이

[•] https://www.airbnb.co.kr/rooms/14378543.

[••] https://www.dezeen.com/2017/03/01/rcr-arquitectes-rafael-aranda-carme-pigem-ramon-vilalta-win-pritzker-prize-2017/.

일본 나라현 요시노 마을에 세워진 에어비앤비의 '요시노 삼나무집.' (사진: 에어비앤비)

문을 연 기간 객실 점유율은 70퍼센트였다. 1년 동안 이 삼나무집 2층의 숙소가 벌어들인 수입은 2만 4990달러였다. 또 1층의 카페는 게스트들과 지역 주민들을 상대로 아침과 점심을 팔아 2814달러의 추가 수입을 일으켰다. 삼나무집이 방문객을 끌어오자 지역 주민들 역시 숙박 공유를 하기 시작했다. 요시노 삼나무집이 등장하기 전인 2015년 9월에 이 지역에는 에어비앤비 숙소가 4개뿐이었으나, 2018년 중반 15개로 늘었다. 에어비앤비 호스트는 물론 마을 체험을 도와주거나 공사를 전담하는 팀 등을 포함하면 요시노 마을에는 70개의 새로운 직업이 생겨났다. 이 기간에 삼나무집을 포함해 같은 지역의 에어비앤비 호스트가 벌어들인 돈은 모두 합쳐 5만 달러에 달했다.

건축가 하세가와 고는 "이렇게 작은 건축물이 이렇게나 큰 효과를 발휘할 것이라고는 생각지 못했다"고 말했다. 우리가 흔히 도시 재생에서 말하는 '앵커 시설(활력을 불어넣는 핵심 시설)'인 삼나무집이 세계와 연결해 주는 글로벌 플랫폼인 에어비앤비와 만나면서 마을에 활력을 주기 시작한 것이다.

그뿐 아니라 요시노 삼나무집은 그 자체로 하나의 명물이 되어 방문객들을 끌어들였다. 굳이 숙박하지 않더라도 이 숙소를 보기 위해 방문한 사람이 670명에 달했다. 요시노 삼나무집은 동네 체험에 중요한 거점이 되었다. 동네 주민들과 방문객들 간 교류는 커뮤니티를 강화했고, 서로 다른 문화의 교류가 이뤄졌으며 이를 통해 공감대와 문화 차이에 대한 이해도가 높아졌다. 지역 주민들은 특히 동네의 문화를 방문객들에게 알리면서 전통과 문화를 보존하고 보호해야겠다는 마음을 갖게 되었다. 외부인의 유입으로 오히려 지역 문화의 소중함을 깨닫는 계기가 된 것이다.

마을 주민들은 삼나무집을 중심으로 모이고 활동하며 교류를 하기 시작했다. 지역 문화의 소중함을 깨달으면서 커뮤니티의 결속력은 더욱 단단해졌다. 그리고 마을의 복원력도 높였다. 2017년 10월, 요시노에 몰아닥친 거대한 태풍은 오히려 단단한 마을 커뮤니티의 힘을 보여주는 이벤트로 이어졌다. 요시노 강의 수위가 평상시보다 5미터 이상 높아져 삼나무집에도 물이 들어찼지만, 주민들은 재빨리 모여 집을 수리하고 빠르게 청소를 마쳤다. 주민들의 빠른 조치 덕분에 삼나무집이 입은 피해는 거의 없었다. 수리와 청소를 마치고 삼나무집을 재개장한 첫날 밤, 주민들은 함께 모여 재개장을 축하하는 파티를 열었다.

에어비앤비에 의해 요시노는 변화하고 있다. 문화적으로 풍부한 마을의 경쟁력이 플랫폼을 통해 고스란히 세계인들에게 전달되었다. 요시노 주민들에게 이제 삼나무 집은 단순한 건축물이 아니다. 목재상이자 목수이며 에어비앤비 호스트를 하고 있는 이시바시 데루이치는 이렇게 말했다. "요시노 삼나무집은 우리 동네의 일부분

에어비앤비 요시노 삼나무집의 수리를 끝낸 마을 사람들이 삼나무집 1층에 모여 함께 축하 파티를 벌이고 있다. (사진: 에어비앤비)

만이 아니에요. 이제 우리 삶의 일부분이죠."

에어비앤비는 요시노 삼나무집 프로젝트를 '건강한 관광'의 주요 사례로 꼽으며, 2018년 4월 18일 '건강한 관광 이니셔티브'를 발표했다. '건강한 관광'이란 전통적인 관광산업에서 소외된 지역을 조명해 다양한 지역의 진짜 매력을 즐길 수 있게 해주고 이를 통해 지역사회를 살찌우며, 더 나아가 추가적인 건설을 하지 않고 에너지도 덜 쓰는 지속 가능한 관광을 뜻한다.

에어비앤비 공동창업자이자 CPO인 조 게비아는 이렇게 말했다.

"요시노 삼나무 하우스로 우리는 삶의 미래 그리고 공유 공간으로서의 집에 대해 탐구해 볼 수 있었습니다. 이 같은 작업은 미래에 다른 나라와 다른 커뮤니티에도 적용할 수 있는 모델입니다. 1년 동안 요시노의 성장은 우리 팀을 고무시켰을 뿐만 아니라 고령화와 쇠퇴에 직면해 있는 전 세계의 다른 마을들에도 좋은 귀감이 되었습니다."•

한편 한국에서 에어비앤비는 2017년에 강원창조경제혁신센터와 함께 강원 지역 청년들을 대상으로 '강원 지역 공간 재생형 게스트 하우스 창업 공모'••를 벌였다. 이 창업 공모는 강원도 지역의 낙후된 곳을 찾아 청년들이 에어비앤비를 이용해 동네에 활력을 일으키도록 설계된 프로젝트로, 강릉의 배효선 씨와 고성의 윤산 씨가 선발되었다.

• "Celebrating the First Year of Yoshino Cedar House," airbnb, Apr. 18, 2018, https://press.airbnb.com/celebrating-the-first-year-of-yoshino-cedar-house/.
•• https://ccei.creativekorea.or.kr/gangwon/service/program_view.do?no=2091&rnum=1&sMenuType=00040001&mainGo=Y.

강릉 홍제동은
되살아날 수 있을까

강릉에 살고 있는 배효선 씨는 2018 평창 동계올림픽대회 기간 중 에어비앤비 호스트가 되었다. 배 씨가 연 숙소는 3~4년 전부터 비어 있던 집이다. 이 집은 강원 지역 공간 재생형 게스트하우스 창업 공모에 선발된 배 씨가 직접 리모델링을 해 재탄생한 곳이다.

배 씨는 공모에 신청하면서 다음과 같이 말했다. "에어비앤비를 운영하게 된 홍제동은 조선 시대에 중국인 사신들이 머물렀던 국영여관 홍제원이 있던 곳이었으며, 1990년대에는 강릉으로 유학 온 대학생들이 모여 하숙과 자취를 하던 곳입니다." 지금은 빈집이 많고 쇠퇴한 동네지만 에어비앤비라는 세계에 활짝 열린 플랫폼으로 관광객을 받게 되면 다시 부흥할 수 있다는 가능성을 내비친 것이다. 그는 이렇게 덧붙였다. "바쁨에 지친 젊은이들을 위해 '느린 마을'을 구성하고, 서울의 익선동과 원서동같이 노포(오래된 점포)를 활용한 마을 재생으로 가는 발판을 마련하고자 합니다."

2017년 말부터 시작된 리모델링 작업은 마침 동계올림픽 기간에 마무리되었다. 올림픽 관람을 위해 이곳을 찾은 관광객을 대상으로도 집을 공유할 수 있게 되었다. 세계 여러 곳에서 관광객들이 몰려오는 빅 이벤트를 계기로 배 씨가 원하는 도시재생을 추진

배효선 호스트의 에어비앤비. 리모델링 이전과 이후 다락방의 모습. 강원도에 있는 빈집이 리모델링되어 에어비앤비 숙소로 변했다. (사진: 배효선)

하는 첫발을 뗄 수 있게 된 것이다. 배씨는 "동계올림픽대회 시작과 함께 에어비앤비 호스트가 돼 외국인 관광객도 많이 찾아오고 순조롭게 느껴지는 것 같다"고 말했다.

빅 이벤트는 이처럼 관광형 도시재생을 촉발한다. 평창 동계올림픽대회가 열린 3주(2018년 2월 9~25일) 동안 배 씨가 만든 숙소처럼 강원 지역에서 문을 연 에어비앤비 숙소는 1만 5000명의 관광객을 맞이했다. 강원 지역 에어비앤비 숙소를 찾은 관광객은 2017년 같은 기간에 비해 500퍼센트 증가한 수준이었다. 이 가운데 6600명이 외국인 관광객이었다. 이는 2017년 한 해 동안 강원도를 찾은 외국인 관광객 9300명의 71퍼센트에 해당하는 수치다. 짧은 기간 순간적으로 인바운드 관광객을 크게 늘리며 해외에 인지도를 높이는 계기가 된 것이다. 배 씨가 원하는 것처럼 홍제동의 도시재생을 촉발하려면 관광객들에게 먼저 '이런 곳이 있다'는 인식을 심어 주는 것이 중요한데, 올림픽이라는 빅 이벤트가 이 고민을 한순간에 해결해 준 셈이다.

아울러 에어비앤비는 빈집을 그대로 방치하지 않아도 되는 '이유'를 마련해 주었다. 빈집은 그 존재만으로도 동네에 해악을 끼친다. '깨진 유리창의 법칙'에 따라 방치된 빈집은 흉가처럼 보이게 되고 주변에 쓰레기가 쌓이는 등 부정적 되먹임 현상이 이어지다가 동네 전체를 망가뜨릴 수 있기 때문이다.

또 한 가지 재미있는 사실은 올림픽 기간 중 처음으로 문을 연 에어비앤비 숙소가 500개로, 올림픽 기간에 관광객을 받은 숙소 전체의 27.8퍼센트에 해당하는 수준이었다는 점이다. 대형 이벤트가 열려 일시적으로 관광객이 쏠릴 때 건물을 짓지 않고 기존 자원을 이용해 유연하게 수요를 담아낼 수 있는 능력을 보여준 셈이다. 또한 동계올림픽은 남는 자산의 활용을 극대화하는 공유경제를 시험해 볼 수 있는 훌륭한 테스트 마켓으로 작동했다.

강원도 전 지역에서 에어비앤비 호스트들은 자신의 집을 공유해 추가 수입을 올렸다. 3주라는 짧은 기간에 이 지역의 에어비앤비 숙소가 얻은 수입은 총 24억 원에 달했다. 전형적인 호스트의 수입(호스트 수입을 일렬로 나열했을 때 중간에 있는 값)은 120만 원이었다. 지역을 재생하고자 하는 목적은 경제활동을 재개해 다시금 사람들이 모이는 곳으로 만드는 데 있다. 해외로 활짝 열린 플랫폼을 잘 활용한다면 올림픽이 가져다준 이 혜택을 계속 이어 갈 수 있을 것이라 믿는다.

월드와이드 플랫폼의 강점

유튜브를 통해 싸이가 글로벌 스타가 될 수 있었던 것은 유튜브가 전 세계 사람들이 이용하는 플랫폼이었기 때문이다. 플랫폼에서 인기를 끈다는 것은 단순히 한국 사람들에게만 인기가 있음을 의미하지 않는다. 전 세계를 연결해 주는 공통의 플랫폼은 사람들을 연결해 주고, 그 연결의 힘을 증폭한다.

동계올림픽이 열리는 강원도 평창은 외국인들에게 생소한 곳이다. 많은 미국인이 평창을 북한의 평양과 헷갈려 할 뿐 아니라 평창과 정선, 강릉에서 올림픽이 열린다고 하면 더더욱 어려워할 정도다. 이 생소한 도시에서 숙소를 찾는다는 것이 이들에게 쉬운 일은 아니다. 하지만 전 세계 사람들이 이용하는 플랫폼은 이런 어려움을 극복할 수 있게 도와준다.

강원도의 지역 커뮤니티는 에어비앤비라는 '창구'를 통해 세계와 연결되었다. 숙박 공간 부족 문제는 실제로 숙소가 부족한 경우에도 나타날 수 있겠지만, 외국인에게 덜 노출되는 낮은 접근성 탓에 사실상 숙소가 부족한 것처럼 여겨질 수도 있다. 이 같은 '매칭' 문제는 외국인들에게 친숙한 창구를 바탕으로 접근성이라는 가치를 끌어내며 해결할 수 있다. 전 세계 191개국 6만 5000개 도시에서 접근 가능하며 지금까지 누적 인원 2억 6000만 명이 이용한 세계 최대의 숙박 공유 플랫폼인 에어비앤비는, 강원도라는 잘 알려지지 않은 지역을 외국인들에게 알리고 접근성을 높여 주는 하나의 대안이 될 수 있다.

지금까지 강원도 관광 시장은 철저히 내국인들만을 위한 곳이었다. 2017년 기준 에어비앤비의 강원도 관광객 비중을 보면, 한국인이 8만 1200명으로 전체(9만 500명)의 90퍼센트에 달했다. 반면 평창 동계올림픽대회 기간에는 한국인 관광객 비중이 40퍼센트 수준에 그쳤다. 이는 큰 의미가 있다. 한 번 한국을 방문한 외국인들의 눈에 강원도가 들어온 순간 '승수효과'가 나타날 수 있기 때문이다. 에어비앤비를 통해 강원도를 알게 된 방문객은 지역 주민들과의 교류를 바탕으로 이 지역을 인식한 뒤 또 한 번 방문할 수 있다. 가족이나 친구들에게 알리거나 함께 방문할 가능성도 있다. 이것이 바로 관광 승수효과다. 2017년 한 해 동안 강원도를 찾은 미국인이 2700명이었는데, 대회가 열리는 16일 동안 예약된 방문객이 2410명이라면 노출량이 이미 10배 수준에 이르렀다는 뜻이다.

플랫폼 효과가 소비자에게 주는 이득은 크다. 관광객들에게 친숙한 플랫폼을 통해 '접근 가능한' 숙소가 많이 늘어나고, 실제로도 숙소가 증가하면서 숙소 간 경쟁이 생긴다. 공급 경쟁은 가격의 하락을 의미한다. 에어비앤비 숙소의 하루 평균 숙박 요금은 18만 5000원으로 집계되었다. 이는 호텔과 비교하기 위해 한 방에서 여러 명이 잘 수 있는 '다인실' 유형은 제외한 수치다. 반면 2017년 말께 집계된 호텔 요금은 50만 원에 달했다. •

공유경제와 플랫폼 경제는
도시재생의 필수 요소다

1970년대는 도시에 인구가 몰리던 시대였다. 1962년부터 시작된 경제개발계획 등의 영향으로 경제의 축이 농업에서 공업으로 전환되면서 도시에 일자리가 크게 늘어났고, 자연스럽게 인구가 도시로 몰리기 시작했다. 《서울 도시계획 이야기》에서 저자 손정목은 다

• "South Korea cracks down on price-gouging hotels ahead of Olympics," *USA Today*, Dec. 30, 2017, https://www.usatoday.com/story/news/world/2017/12/30/south-korea-cracks-down-price-gouging-hotels-ahead-olympics/990708001/.

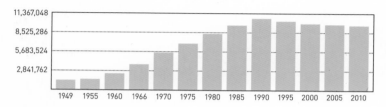

서울 총조사인구 총괄
(자료: 통계청)

음과 같이 설명했다. "1955년에 157만 명이었던 서울의 인구수는 1963년에 300만 명을 넘어섰다. 7년 동안에 2배가 된 것이다. (…) 국내의 경제활동이 활발해짐에 따라 서울 시내의 교통 인구도 크게 늘어나 버스정류장마다 몰려든 인파로 장사진을 이루었다. 교통난만이 아니었다. 주택난, 상수도 급수난, 2부제 수업, 쓰레기 처리, 각종 범죄 등 여러 가지 문제가 쌓여가고 있었다. 작가 이호철의 장편소설 《서울은 만원이다》가 동아일보에 연재되기 시작한 것은 1966년 2월 8일부터의 일이었다."[*]

인구가 증가하면서 건물 같은 인프라 공급이 희소해졌다. 수요라고 할 수 있는 인구가 너무 많이 늘어났기 때문이다. 수요가 너무 많으니 공급은 항상 쪼들릴 수밖에 없었다. 건물은 어떤 용도이

* 《서울 도시계획 이야기》 4, 손정목, 한울, 2017, 179쪽

든 간에 항상 부족했다. 사정이 이렇다 보니 건물을 짓기만 하면 수요는 언제나 넘쳐났다. 당시 어떤 용도인지는 그다지 중요한 요소가 아니었다. 1980년대라는 호황기를 거치며 돈도 기회도 넘쳐났다. 주택이든 무엇이든 건물은 짓기만 하면 사람들이 들어왔다.

그러나 2008년 글로벌 금융위기를 기점으로 서울의 사정도 바뀌기 시작했다. 어떤 곳은 사람이 몰리고, 또 어떤 곳은 사람이 그다지 많지 않았다. 교통의 발달로 특정 수요는 특정 공간에 몰리는 경향이 점점 짙어졌다. 그러니 이제 어떤 용도로 어떤 공간에 자리 잡고 있느냐가 중요해진 것이다. 바로 여기서 문제가 발생했다. 도시를 무작정 개발해서는 과거처럼 성공하기 어렵다. 공간의 유용성을 섬세하게 따져 보고 신중하게 용도를 정해야만 하는 시대다. 도시재생이란 시대의 필요나 공간적 수요에 적합하게 도시가 적응해 가는 과정이다. 도시재생을 이끌려면 먼저 공간이 요구하는 용도를 정확히 판단해야 한다는 뜻이다.

그러나 바로 이것이 결코 쉬운 일이 아니다. '전국구' 전문가가 특정 지역이 지닌 특성을 정확하게 알기도 어려울 뿐 아니라, 운 좋게 지역의 수요를 정확하게 예측하고 용도에 맞는 공간을 만들었다고 하더라도 언제 또 수요가 바뀔지 알 수 없는 시대가 되어 버렸다. 그리고 지역별로 어떤 곳은 쏠림 현상이 일어나 여전히 인구가 늘고, 또 어떤 곳은 인구가 썰물처럼 빠지는 곳도 있다. 이럴 때 필요한 것이 바로 유연함이다. 특정 수요가 몰릴 때 바로 그 수요를 감싸 안아주고, 다른 수요로 바뀔 때도 회복 탄력성을 가지고 대응할 수 있다면 어떨까?

이것을 가능케 하는 수단이 바로 공유경제요, 플랫폼 경제다. 특정 공간을 하나의 고정된 용도로 사용하는 것이 아니라 둘 이상의 기능을 할 수 있도록 하는 방식이다. 예컨대 에어비앤비는 거주용으로 고정되어 있는 집의 빈 공간에 숙소라는 기능을 '팝업'할 수 있게 도와준다. 집의 남는 공간을 유동화한다는 점에서 공유경제가 중요해졌고, 갑자기 생겨난 공급 내용을 수요자들에게 널리 알리고 각자의 니즈와 연결해야 한다는 점에서 월드와이드 플랫폼이라는 특성이 매우 중요해졌다. 공유경제와 플랫폼 경제는 단순히 도시재생의 시대와 함께 등장했다기보다는 필연적으로 나타났다고 보는 편이 맞을 것이다.

도시재생의 필수 요소, 접근권

최근 도시재생 논의를 보면 한 가지 답답한 점이 있다. 도시재생 사업이 진행되는 그 동네, 그 지역만을 바라본다는 점이다. 이는 과거

도시개발 시대와 조금 다른 점이다. 도시개발 시대에 아파트 단지를 짓는다고 생각해 보라. 당시에는 아파트 단지를 포함한 거시적 관점에서 도시계획이 검토되었다. 아울러 그 아파트 단지의 인기는 소비자들의 수요에 따라 재평가된다. 전철역이나 백화점 등을 얼마나 편리하게 이용할 수 있는지, 자녀들이 갈 수 있는 좋은 학교가 가까운 곳에 있는지 등이 평가의 중요한 요소로 작용하고, 이것은 다시 부동산값이라는 현상으로 표현된다.

도시재생도 비슷한 관점에서 이루어져야 하는데, 현실은 그렇지 않아 보인다. 주거 지역 재생을 진행하면서 빈집을 되살린다거나 커뮤니티 센터를 짓는 등 동네 안에서의 인프라 확대에만 초점을 맞추고 있다. 인구가 줄어들고 있는 현재 한국의 현실에서 특정 동네에 인프라를 늘리는 것은 한계가 있을 수밖에 없다. 예컨대 학령인구가 얼마 없는 동네에 학교를 집어넣어 줄 수는 없지 않은가.

이른바 주거 지역으로서 인기가 있는 동네는 좋은 학교가 많다거나, 백화점이나 마트 등에 손쉽게 접근할 수 있다거나, 전철역이 가까워 직장에 쉽게 갈 수 있다거나 하는 등의 접근성 이슈로 평가된다. 재정 효율을 높이기 위해 정부는 주로 인구가 밀집해 있는 중심지에 인프라를 집중할 수밖에 없다. 그러므로 다른 지역에서는 인프라 집중 지역으로 얼마나 쉽게 갈 수 있는지, 즉 접근성이 거주지를 평가하는 주요 요소가 된다. 광화문에 대한 접근성이 좋고,

아파트 단지가 집중적으로 건설되면서 인구밀도가 높아지고, 각종 인프라가 추가되는 마포 지역 집값이 오르는 것은 바로 이 때문이다. 광화문과 함께 직장이 몰려 있는 강남 지역에 대한 접근성이 좋은 9호선 역세권 등의 부동산값이 오른 것도 마찬가지다.

　도시재생을 통해 주거 지역을 되살리려면 바로 이 점에 주목해야 한다. 핵심 인프라를 이용할 수 있는 중심지에 대한 접근성을 높여 주면, 주거지로서의 매력은 올라간다. 에어비앤비 같은 플랫폼은 전 세계 관광객의 관문이 되어 주면서 알려지지 않았던 곳조차 외부 관광객에게 노출시켜 접근성을 높여 주었다는 점에서 중요하다. 주거형 도시재생 이외에 관광형 도시재생을 추진한다면, 에어비앤비 같은 플랫폼의 존재는 작은 동네를 활짝 열어 세계인들이 손쉽게 찾아볼 수 있는 기회를 마련해 준다. 물리적 접근성 문제를 해소해 줄 유일한 수단은 손안에 든 플랫폼뿐이다.

공유로 되살리는 빈 공간

이제 더는 대량 생산의 시대처럼 공급하면 수요가 바로 따라붙는 시대가 아니다. 저성장 시대로 접어든 이후 도시는 유휴 공간의 등장을 안타깝게 바라볼 수밖에 없게 되었다. 서울과 같은 대도시도 사정은 크게 다르지 않다. 시대에 따라 수요는 항상 변하기 마련이다. 어떤 지역이든, 작은 동네든 큰 동네든 그 공간을 사용하는 이들이 원하고 기대하는 바는 시간의 흐름에 따라 바뀔 수밖에 없다. 그 변화를 따라잡는 동네는 영화를 이어 갈 것이고, 그렇지 못하는 공간은 쇠퇴할 수밖에 없다. 쇠퇴하는 공간, 그래서 빈집이 많은 지역, 사람이 떠나려는 도시를 어떻게 되살릴 것인가?

빈집은 사회문제를 야기한다. 집에 사람이 살지 않으면 금방 망가지는 것처럼 건물과 도시는 사람이 이용하지 않으면 금세 흉물로 변한다. 흉물로 변한 건물과 도시는 그 자체로 사람들을 밀어낸다. '깨진 유리창의 법칙'이라는 심리적 원인 때문이다. 사람이 없다면 범죄가 일어나도 감시를 할 수 없고, 따라서 쇠퇴가 가속화된다. 이것이 바로 최근 '도시재생'이라는 화두로 제기되는 사회적 고민 중 하나다.

그러다 보니 전문가들과 중앙정부, 지방자치단체는 유휴 자산을 활용할 방법을 고민하고 있다. 도시재생을 "기존의 수요가 사라진 공간을 다시 디자인해서 새로운 수요를 충족시킬 수 있게끔 변형시키는 것"이라고 본다면, 일단 새로운 수요가 무엇인지 찾아내야 한다. 가장 큰 트렌드는 밀레니얼 세대의 등장으로 나타나는 변화일 것이다. 이전 세대의 특징과 확연히 다른 이들의 특징은 1인 가구,

셰어하우스, 공유 사무실 등과 더불어 옛 건물이 가진 미학을 즐길 줄 아는 감수성일 것이다. 따라서 옛 도시 조직이 잘 남아 있는 공간은 관광지로 변화할 가능성이 높고, 관광형 도시재생이 적용되기에 적합하다. '핫 플레이스'로서 조성될 수 있을 뿐 아니라, 숙박용 건물 자체도 다른 어떤 곳에서도 찾아보기 힘든 독특함을 가지고 있을 가능성이 높기 때문이다.

특히 숙박 시설은 에어비앤비라는 글로벌 공유 숙박 플랫폼에 등록하기만 해도 미국과 유럽 등지의 외국인들에게 창구가 활짝 열리는 효과가 있다. 공간적 매력이 있다면 얼마든지 거대한 수요와 연결해 줄 수 있다는 뜻이다. 서울 마포구 연남동과 경리단길 등에서 등장한 '핫 플레이스' 현상은 관광형 도시재생으로 손쉽게 치환할 수 있게 되었다. 다만 '핫 플레이스'에 동반되는 부작용인 젠트리피케이션을 고려하면, 산업형 재생과 같이 다른 대안이 통하지 않는 쇠퇴 도시나 소멸 도시에서 사용하거나 변화의 최대 폭에 제한을 가하는 방식으로 진행하는 것이 낫다. 고령화로 쇠퇴하고 있는 일본의 요시노 지역이 에어비앤비로 도시재생을 이끌고 있듯이, 에어비앤비로 도시재생을 활용하는 사례를 많은 도시에서 자주 보게 될 것이다.

명백히 쇠퇴의 길로 향하는 도시가 아니더라도, 일시적으로 공간이 활용되지 않는 상황 역시 분명 존재한다. 일시적으로 빈 공간

영국 런던의 셰드 프로젝트. 작은 거주 공간을 조립해 빌딩의 빈 공간을 채운다. (사진: 셰드)

이 생기는 시기는 매우 중요하다. 이 시점에 어떻게 대응하느냐에 따라 도시 전체가 쇠퇴하게 될 수도, 그렇지 않을 수도 있기 때문이다. 어려운 시기를 잘 극복해 사람들이 건물을 잘 활용하고 다시 사람이 모이는 공간이 된다면, 빈 공간은 문제가 되지 않을 수도 있다. 이렇게 일시적으로 건물이 제대로 활용되지 않을 경우에 대해, 영국 자산관리 회사인 로위 가디언(Lowe Guardian)은 스튜디오 바크(Studio Bark)라는 팀을 만들어 '셰드(SHED: Shared의 일부를 따 만든

영국 런던의 셰드 프로젝트 첫 입주자인 마크(Marc, 디자이너). (사진: 셰드)

이름)•라는 이름을 붙인 프로젝트를 수행했다. 셰드는 거주를 위한
작은 집을 조립해 빌딩의 빈 공간 안에 집어넣는 방식이다.

　셰드는 이케아 가구처럼 스스로 만들 수 있을 정도로 손쉽게 설
계된 조립식 구조의 집으로, 떠나야 하는 상황이 된다면 얼마든
지 해체하고 하루 만에 다른 곳에 다시 설치할 수 있어 상황 변화

●　http://loweguardians.com/the-shed-project/.

에 유연하게 대처할 수 있다. 건물주 입장에서는 임대료를 받을 수 있어 좋고 이용자 입장에서도 싼 값으로 임대해 이용할 수 있어 좋은, 최근 이슈가 되고 있는 '적정 수준으로 지불 가능한 거주'라는 측면에서 상당히 긍정적이다. 로위 가디언 측은 셰드의 주거비 수준이 영국 런던의 일반적인 임대료의 50퍼센트라고 설명했다.

여기서 제시한 두 사례, 셰드와 요시노 프로젝트는 새로운 수요를 잡아내는 여러 가지 방법 중 일부일 뿐이다. 다만 두 방법 모두 기존의 자원을 잠시 다른 용도로 활용하는 방식인 공유경제의 '팝업' 논리가 숨어 있다는 점은 주목할 만하다. 상업용 건물이 주거용으로 잠시 바뀌고, 주택 일부가 관광객을 위한 숙소로 잠시 변신한다. 이것이 바로 '팝업시티'다. 불도저로 땅을 밀고 새로운 건물을 세워 올리는 도시개발 방식이 불가능한 지금, 도시재생을 위해 우리에게 남은 선택지는 공유경제 외에는 존재하지 않는지도 모른다.

7

팝업
시티

66 세계는 지금 '팝업'의 시대에 접어들고 있다. 일상 속 스마트폰이
디지털과 물리적 실재 사이의 벽을 조금씩 허물고 있기 때문에
가능한 일이다. 예전에는 실제 세상에서 변화가 이루어진 뒤 세상에
알려지기까지 수많은 시간이 필요했지만, 이제는 다르다. SNS라는 수단으로
완전히 연결되어 있는 세상에서는 단지 사진과 한 문장만으로 충분하다. 99

사람이 바뀌면
공간이 바뀐다

'공부하는 카페?' 이 정도의 느낌이었던 공간은 시곗바늘이 저녁 6시를 지나면서 순식간에 뒤바뀌었다. 2017년 4월 5일 서울 중구 을지로에 있는 위워크 8층의 공유 공간은 카페 같은 독서실의 모습에서 파티장으로 변했다. 이처럼 한 시간 만에 용도가 바뀔 수 있는 유연함의 힘은 바로 100평에 달하는 넓은 빈 공간과 가변형 설치물에서 나온다.

'빈 도화지'를 채운 것은 사람이다. 질서정연하게 촘촘히 배치된 테이블 위에 놓인 노트북 컴퓨터를 뚫어지게 바라보던 이들은 빠져나가고, 반려견이나 어린이를 동반한 이들이 들어왔다. 이 자리에서

을지로 위워크 8층에서 열린 애니멀파티 모습. 낮 동안의 카페가 파티장으로 변환됐다.

동물자유연대와 '카라' 등 동물단체 관계자와 회원, 최영민 서울시 수의회장, '돌고래들의 국회의원'으로 유명한 이정미 정의당 대표, 동물 전문 매체인 '애니멀피플' 필진이 모여 식사를 하고 음료도 마시며 서로 교류했다. 동물 전문가들의 대담이 이어졌고, 동물의 권리를 강조하는 밴드인 '동물의 안녕'의 특별 공연도 열렸다. 대학생 때부터 동물 보호 자원봉사를 꾸준히 하고 있는 가수 배다해도 자리를 지켰다. 공간 한쪽에서는 저녁 식사를 위한 출장 급식 서비스가 진행되었고, 또 다른 한쪽에는 반려견 행동 상담소도 마련되었다.

이 변화는 놀라워 보이지만, 대단한 장치가 필요한 일은 아니다. 그저 책상을 어떻게 배치하느냐, 어떤 사람이 모여 어떤 행동을 하느냐에 따라 공간의 모습은 완전히 변모할 수 있다. 우리는 이런 가변형의 시대에 살고 있다. 이를 가능케 해주는 것이 바로 '하얀 도화지', 플랫폼이다.

사람과 사람을 연결해 주는 플랫폼인 에어비앤비는 그 관계를 확장해 주었다. 우리는 이제 에어비앤비를 이용해 모르는 이에게 연결되고 그 집에서 숙박을 할 수도 있게 되었으며(숙박 공유), 그 경험을 공유할 수도 있게 되었다(트립).

애니멀피플은 동물과 사람을 연결하려는 시도를 한다. 미디어 매체라는 플랫폼은 콘텐츠를 빨아들이는 한편 생산하면서 세상에 내놓는다. 동물 전문 단체를 비롯해 동물을 사랑하는 많은 이들이 보는 콘텐츠는 '공감대'라는 거대한 힘을 만들어 낸다.

이날 행사가 열린 넓은 공간 역시 수많은 이들이 모이는 플랫폼으로 작동했다. 100여 명이 모인 이곳은 사람과 사람이 만나는 네트워크로서 공감대의 폭과 강도를 높여 주었다. 에어비앤비가 반려동물을 회사에 자유롭게 데려와 함께 일하는 문화를 자랑하고 있고, 에어비앤비 숙소에서 '반려동물 입실 가능 여부'를 묻는 검색 필터를 이용할 수 있다는 점도 알려질 수 있었다.

동물 친화적인, 더 나아가 동물의 권리를 강조하는 사회적 분위기는 이렇게 무르익어 간다. 사람이 모여 정보의 흐름을 만들어 내고, 전문 매체와 소셜 네트워크 서비스를 통해 다시 확대 재생산된다.

물론 비어 있는 도화지가 있다고 이 모든 일련의 움직임을 불러올 수는 없다. 하드웨어는 반드시 소프트웨어를 얹어 제 기능을 하도록 운영해야 한다.

남종영 편집장 등의 애니멀피플 담당자들은 에어비앤비와 함께 행사를 기획하고 사회를 보며 전체 흐름을 조절했다. 이벤트홀을 담당하는 위워크 직원들은 테이블 배치와 발표 화면 세팅 작업을 통해 공간의 사용 방식을 설정했다.

'에어비앤비 세대'라는 신조어를 탄생시키는 등 에어비앤비가 여행에 관한 새로운 문화를 만들어 낼 수 있었던 것은 바로 플랫폼을 운영하는 사람들이 있었기 때문이다. 최근 블록체인 열풍에 힘입어

하드웨어가 블록체인으로 바뀌면 마치 모든 것이 바뀔 것처럼 주장하는 사람들이 있다. 사실 플랫폼에서는 현실 세계에 흩어져 있는 사람과 이들과의 관계를 조율하는 운영 능력, 즉 또 다른 사람들의 존재가 핵심 요소인데 말이다.

가변형 공간이
주는 풍요로움

2017년 9월 2~3일 이틀 동안 서울 마포구 연남동의 한 2층집에서는 '하우스 아트페어 2017'이라는 미술작품 전시 행사가 열렸다. 이곳과 다른 전시 공간의 확연한 차이점은 집과 같은 일상적인 공간에서 예술작품을 볼 수 있다는 것이었다. 주최 측에서 나눠 준 책자에 적힌 '행사를 즐기는 방법'에서 이런 문구가 눈에 띄었다. "집처럼 편안하게 작품을 감상하세요."

집처럼 편안하게 작품을 감상할 수 있는 이유는 바로 이곳이 말그대로 '집'이기 때문이다. 물론 그냥 일반적인 집은 아니다. 에어비앤비 숙소다. 에어비앤비는 이처럼 공간을 유연하게 이용할 수 있는 기회를 마련해 준다. 이 유연함은 바로 지금, '스트리밍'처럼 트렌드가 자주 바뀌는 시대에 매우 큰 가치를 갖는다. 에어비앤비는 공

'하우스 아트페어 2017'이 열린
서울 마포구 연남동의
에어비앤비 숙소 전경.

간을 유연하고 다채롭게 활용할 수 있게 해준다. 원하는 기간 동안
게스트(손님)에게 임대하고, 다른 용도로 쓰고 싶을 때는 또 바꿀 수
도 있다.

공간은 세상의 변화를 따라잡으려 애쓴다. 세상이 어떻게 변화
하는지 알아야만 공간을 어떻게 활용할지 알 수 있다. 다수가 원하
는 용도를 창출하지 않는 공간은 외면받고, 그런 공간이 많은 지역
은 쇠퇴하기 마련이다. 유연한 공간은 복잡하게 변하는 세상의 트
렌드를 빨리 따라잡을 수 있도록 도와준다.

아울러 우리는 이러한 방식을 도시재생에 적용할 수도 있다. 도
시재생이란 쇠퇴한 지역의 용도를 바꿔 다수 대중이 원하는 방식
으로 풀어내는 것이다. 새로운 용도를 찾아내는 일이 쉽지만은 않
지만, 이렇게 유연한 방식으로 다양한 실험을 해볼 수 있다면 얘기
가 다르다. 더불어 다채로운 재미를 만들어 주며 도시적 매력을 극

'하우스 아트페어 2017'이 열린 서울 마포구 연남동의 에어비앤비 숙소 내부 모습.

대화할 수도 있다.

에어비앤비처럼 공간을 유연하게 활용할 방법이 있다는 것은 공간을 소유한 사람들에게도 축복이다. 《로컬 지향의 시대》에서는 일본에서 새로운 시대를 살아가는 사람들을 소개한다.[*] 이들은 마치 '밀레니얼'처럼 '소유'보다 '경험'을 중시한다. 또 "수입은 그리 많지 않더라도 자유로운 시간을 가지길 선호하고, 하고 싶은 일을 자신만

● 《로컬 지향의 시대》, 마쓰나가 게이코, 이혁재 옮김, 알에이치코리아, 2017, 77쪽.

의 방식으로 추구한다. 즉 돈보다는 시간을 선택한 것"이다.

에어비앤비 슈퍼호스트이면서 자신의 에어비앤비 숙소에서 아트페어 행사를 연 양미애 씨는 이렇게 말했다. "에어비앤비로 공간을 활용하니 아트페어 같은 의미 있는 행사도 열 수 있었어요. 또 아트페어를 주관한 분들이 홍대 주변에서 에어비앤비 호스트를 하고 있는 분들이어서 더욱더 뜻깊었죠."

에어비앤비가 그렇듯이 공간을 유연하고 풍요롭게 활용하려는 욕구는 점점 늘어나고, 새로운 아이디어도 속속 등장하고 있다. 서울 서대문구 연희동에 등장한 '가라지가게'도 그와 같은 사례다. 가라지가게란 이름이 붙어 있는 '쇼룸'은 원래 주택의 차고다. 차고에는 여전히 자동차가 주차되어 있고, 이 자동차는 얼마든지 들어가고 나올 수 있다. 하지만 다른 차고와는 달리 벽면 양 옆에 수납장이 전시되어 있다. 바로 이 수납장이 가라지가게가 주차장이란 공간을 배경으로 내놓은 상품이다. 수납장은 '가라지(garage, 차고)'에서도 쓸 수 있을 정도로 쓰임새가 좋고 가벼운 느낌이다.

이곳을 기획한 건축가 장영철 와이즈건축 소장은 이렇게 설명했다. "보통 건물의 1층은 길거리의 사람들과 교류할 수 있는 좋은 공간인데도, 매우 배타적인 공간인 주차장이 들어서 있는 경우가 많아요. 다른 사람이 절대 사용할 수 없는 공간이면서도 항상 비어 있는 이 공간을 작게라도 쓸 수 있도록 하면 어떨까 하는 생각에

밤에 본 서울 연희동 가라지가게의 모습.
은은한 불빛이 어두운 거리를 밝히며
걷는 재미를 느낄 수 있게 해준다.

일반적인 주차장의 모습. 밤에는
길거리를 더욱 어둡고 두려운 공간으로
만든다. '외부 차량 주차 금지'라는
문구가 눈에 띈다. 도시에서 주차장은
배타적일 수밖에 없다.

이런 수납장을 만들었죠."

　보통 주차장이 많은 골목은 어두침침하고 사람이 없어 길거리를 침체시키기 마련이다. 하지만 가라지가게가 들어서면서 새로운 쓰임새가 생긴 이 공간은 은은한 빛과 함께 거리를 걷는 사람들을 안심시키고 즐겁게 해준다. 에어비앤비로 사용되는 공간에 '팝업 미술관'이 열리며 도시를 살아가는 사람들에게 재미를 주었듯이, 가라지가게 역시 공간을 유연하게 활용하면서 도시를 풍성하게 만들어 주고 있다.

　그뿐 아니라 장 소장의 시선은 전기차가 상용화되는 조금 더 먼

미래에까지 뻗어 있다. 원래 자동차는 음악을 들을 수도 있고 소파와 히터, 에어컨도 갖추고 있다. 이 자원을 활용해 주차장을 마치 거실처럼 활용할 수 있게 해보겠다는 것이다. 이것은 매연이 전혀 없는 전기차가 있을 때 가능한 일이다. 유연한 공간의 활용법이 지저분하고 배타적인 주차장을 거리와 적극적으로 소통할 수 있는 도시의 놀라운 자원으로 활용할 수 있게 만드는 것이다.

이리저리 뒤섞이는 도시

2018년 3월 17일부터 4월 1일까지 서울 종로구 서촌 '팔레 드 서울'에서 열린 '도시생산주거(Factory for Urban Living)'라는 제목의 전시는 이처럼 이리저리 뒤섞이는 도시를 테마로 했다. 전시의 핵심 내용은 3D 프린터처럼 개인이 스스로 제작할 수 있는 수단이 생겨나고, 대량 생산의 시대에서 소량 생산의 시대로 변화하는 트렌드를 배경으로 한다. 작은 규모로 자체 생산하는 소량 생산 방식은 제조업을 도시 공간으로 끌어들인다는 데 착안했다.

전시를 기획한 미국의 건축비평가 니나 래파포트(Nina Rappaport)와 건축가 임동우는 이 전시에 대해 다음과 같이 설명했다.

"산업혁명 시기에는, 대량 생산이 가장 효율적인 방식의 생산이었다. 하지만 개인의 정체성이 갈수록 중요해지고, 커스터마이제이션에 대한 요구가 증대함에 따라, 마이크로 프로덕션을 통한 매스 커스터마이제이션의 필요성은 점차 중요해지고 있다. 3D 프린터나 애디티브 제작방식, 로봇 등 새로운 기술과 새로운 방식의 생산은 수백 명의 노동력 없이도 자신만의 가구를 CNC 등을 통해 손쉽게 제작할 수 있는 환경으로 바꿔 놓았다. 이런 제품을 거래할 수 있는 새로운 플랫폼들은 개인 생산자일지라도 다양한 소비자에게 접근할 수 있는 길을 열어 주었다. 소비자와 생산자는 이제 직접적인 관계를 맺을 수 있고, 더 이상 누가 생산자이고 누가 소비자인지 명확한 구분은 무의미한 시대가 되었다. 작은 규모의 자체 생산 구조의 장점은 다양한 도시 공간에 위치할 수 있다는 것이다. 이러한 마이크로 프로덕션 시스템은 새로운 경제성장과 도시의 활력을 주도하는 촉진제로서 주거 영역과 함께 융합될 수도 있는 가능성을 지닌다."

이 전시는 이미 IT 영역에서는 빠르게 늘고 있는 재택근무의 수요가 다른 영역으로도 확대될 수 있다는 점을 보여준다. 도시 속 공간은 주거용으로 쓰이다가도 순간적으로 공장처럼 사용될 수 있다. 도심지 외곽에서만 머물러야만 했던 노동자들이 다시 도시 안으로 되돌아온다.

기획자들의 이야기를 좀 더 들어보자.

"생산의 행위는 용도지역 설정 때문에 더 이상 우리의 일상이
될 수 없었고, 이것은 노동자와 작업 과정을 격리시킬 뿐만 아니
라 노동자들을 도시로부터 내쫓는 결과를 초래하였다. 결국, 제
인 제이콥스가 이야기하듯 '도시를 이해하기 위해서는 용도의 분
리가 아니라 통합을 생각하는 것이 중요한 요소'임에도 불구하고,
용도지역 설정은 결과적으로 도시의 성격을 단순화시켰으며, 경
제의 성장을 둔화시켰다."

도시가 풍부해지는 필수 요건, 다양성이 확대되는 트렌드는 그
자체로 도시에 이익이다. 유연한 공간은 도시의 다양성을 만들어
낸다. 제인 제이콥스는 명저 《미국 대도시의 죽음과 삶》에서 "주요
용도가 훌륭하게 뒤섞여 있고 도시 다양성을 만들어 내는 데 성공
을 한 거리나 지구를 소중하게 여겨야 함은 말할 나위도 없다"[•]고
말하며 도시의 다양성을 강조했다. 활기찬 도시는 다양성에서, 그
리고 유연한 공간에서 비롯된다.

•   《미국 대도시의 죽음과 삶》, 제인 제이콥스, 유강은 옮김, 그린비, 2010, 245쪽.

그러나 이 같은 트렌드를 받아들이기에는 우리 제도가 굉장히 경직돼 있다. 이 책에서는 주거에 대해 주로 다른 용도, 즉 단기 임대 또는 숙박 공유로 사용하는 방법으로 논의를 풀어내고 있지만, 사회 전반적으로 나타나고 있는 하이브리드의 트렌드를 감안하면 좀 더 다양하고 깊은 연구가 필요하다고 본다.

팝업
올림픽

2018년 2월 9일, 동계올림픽대회 개막식이 열린 평창올림픽스타디움을 찾았다. 성화 봉송의 마지막 주자로 나선 김연아의 환상적인 피날레 장면 외에 눈길을 끌었던 것은 바로 건축물이었다. 3만 5000명이 앉아 화려한 무대를 바라볼 수 있던 펜타곤 모양의 대형 건축물에서 콘크리트를 발견하기가 어려웠다. 앉을 수 있는 의자라든가, 그 의자가 놓여 있는 바닥재 등은 '비가소성' 소재인 콘크리트 대신 철골을 많이 활용해 사용 후 얼마든지 해체할 수 있도록 설계되어 있었다. 관람석과 조명 시설 등도 모두 조립식으로 설치되어 있어 올림픽이 끝나면 철거해 재활용할 수 있다. 컨테이너 박스 등과 같은 임시 구조물도 쉽게 발견할 수 있었다.

스타디움을 이렇게 설계한 이유는 올림픽 이후 특별한 쓰임새를 찾기 어렵기 때문이다. 인구 4만 5000명 정도의 작은 도시인 평창에서 이 거대 규모의 스타디움은 제대로 활용하기가 쉽지 않다. 올림픽이 끝나면 이 스타디움은 공원으로 바뀌게 된다.

불확실성이 클 경우 '팝업'의 가치는 커진다. 건축물은 이처럼 팝업이라는 현실에 맞추어 조립식으로 지으면 얼마든지 해체 후 재조립할 수 있다. 공장에서 건축물 구조를 모두 만들어 낸 뒤 현장에서는 설치만 하는 '프리패브(pre-fabricated)' 건축이 각광을 받고, 조립식 건축물이 등장하는 것은 불확실성에 맞서는 한 가지 대응 방식이기 때문이다.

올림픽과 같은 대형 행사는 한꺼번에 사람들이 쏟아져 들어왔다가 행사가 끝난 뒤에는 썰물처럼 빠져나가는 특성이 있다. 이 때문에 행사를 위해 영구적인 인프라를 구축했다가 낭패를 보는 경우가 많다. 올림픽 스타디움에만 이 논리가 적용되는 것이 아니다. 숙박 시설도 마찬가지여서, 대형 행사 이후 발생하게 될 높은 공실률은 도시를 망가뜨리는 커다란 골칫거리로 전락할 수 있다. 하지만 플랫폼과 공유경제가 안겨주는 가치는 이 같은 우려에 대한 해법이될 수 있다.

2018년 3월, '온라인 숙박 예약 서비스' 부문 공식 서포터인 에어비앤비는 동계올림픽대회 기간(2월 9~25일) 에어비앤비로 숙박을 해결한 관광객 수를 발표했다. 에어비앤비 집계 결과, 강원 지역의 에어비앤비 이용 관광객은 1만 5000명 이상으로 나타났다. 강원 지역에 살고 있는 주민들이 자신의 집을 활짝 열어 이들을 맞이하면서 그간 주최 측의 큰 고민이었던 숙소 부족 문제, 높은 숙박료 문제 해결에 나선 것이다.

플랫폼을 활용한 공유경제는 접근성을 넘어서 친환경적·경제적인 가치를 만들어 낸다. 세계경제포럼에 따르면, 1만 5000명에 해당하는 관광객 규모는 다음과 같이 환산될 수 있다.[•] 호텔 방 하나에 두 명이 묵는다고 가정할 때 7500개의 호텔 방이 필요하며, 이는 163개 객실을 가진 평균 규모의 호텔 46채에 해당한다.

공유경제는 이 같은 인프라를 건설하기 위해 굳이 자원을 투입하지 않을 수 있게 도와주었다. 기존의 자원인 주택 등은 관광객이 몰리면 숙박용으로 활용했다가 행사 이후에 관광객이 줄어들면 원래의 용도로 얼마든지 활용할 수 있다. 2012년 7월, 쏟아져 들어오는 중국인 관광객 수요를 맞추기 위해 한국 사회는 '관광숙박시설 확충을 위한 특별법'을 만들어 호텔을 크게 늘렸다. '호텔 용적률 특례'로 불린 이 법은 2016년 12월 31일까지 4년 넘게 한국의 도시

• "Understanding the Sharing Economy," World Economic Forum, Dec. 2016, http://www3.weforum.org/docs/WEF_Understanding_the_Sharing_Economy_report_2016.pdf.

풍경을 뒤바꿔 놓았다. 호텔 건설을 크게 늘렸고, 특례로 인해 도시 계획의 균형도 흔들렸다. 그러나 2017년 중국인 관광객이 크게 감소하면서 많은 호텔이 공실난을 겪어야만 했다. 2012년 당시에도 공유경제가 잘 알려져 있었다면, 지금 우리가 보는 도시 풍경은 얼마나 달라져 있을까.

팝업시티의
도래

2018년 1월 14일, 서울 서대문구 연희동의 한 주택 2층에 올라가 보니 거실에 신발이 50켤레쯤 놓여 있었다. 거실 왼쪽의 큰 방을 들여다보니 생경한 풍경이 펼쳐졌다. 커다란 '방'에 젊은이들이 빽빽이 모여 앉아 누군가를 기다리고 있었다. 이곳은 밴드 '위아영'의 공연장이었다. 집이 한순간에 공연장으로 변한 것이다.

세계는 지금 '팝업'의 시대에 접어들고 있다. 일상 속 스마트폰이 디지털과 물리적 실재 사이의 벽을 조금씩 허물고 있기 때문에 가능한 일이다. 예전에는 실제 세상에서 변화가 이루어진 뒤 세상에 알려지기까지 수많은 시간이 필요했지만, 이제는 다르다. SNS라는 수단으로 완전히 연결되어 있는 세상에서는 단지 사진과 한 문장만

남성 듀오 '위아영'이 2018년 1월 14일 서울 서대문구 연희동의 한 대형 주택 2층의 방에서 하우스 콘서트 '집 가고 싶다'를 열었다.●

으로 충분하다. 팝업 콘서트 역시 인터넷이 없다면 생각하기 어렵다. SNS로 행사 소식을 알리고, 다양한 티켓 플랫폼을 이용해 티켓을 판매하면 순식간에 매진된다.

저성장 시대에 접어들면서 소득이 줄어들자 사람들은 자신의 남

● 〈위아영, 연희동 주택에서 하우스 콘서트 '집 가고 싶다'〉, 《스포츠경향》, 2017년 11월 11일, http://sports.khan.co.kr/bizlife/sk_index.html?art_id=201712112204003 &sec_id=560801.

는 자원을 다시 한번 살펴보기 시작했다. 집의 남는 방 또는 자신이 가지고 있는 남는 공간을 플랫폼에 올려 대여하는 식으로 순식간에 용도를 전환하는 시도가 나타나고 있다.

이러한 유연함이 저성장 시대에 자원을 가장 효율적으로 쓰는 방법이라는 것을 알게 된 대중은 서서히 '고정된 용도'보다는 '유연한 용도'로 쓸 수 있는 자원을 찾으려 한다. 예컨대 집도 그냥 집이 아니라 한쪽의 남는 공간을 숙박 공유로 편리하게 쓸 수 있게끔 구성된 집을 선호하는 경향이 나타난다거나, 다가구주택 소유자가 임차인이 들어오지 않는 공실 기간에 숙박 공유를 활용해 공실 피해를 최소화할 수는 없는지 타진하는 등 창의적인 자원 활용법을 고민하기 시작했다.

주차장 빌딩을 지으면서도 주차용으로만 쓰는 것이 아니라 파티 무대나 결혼식장, 대규모 요가 실습장, 레스토랑 등으로도 활용하는 복합빌딩(1111링컨로드*)이 등장하는 것도 이 같은 맥락에 따른 것이다. 도시가 변해 가는 새로운 트렌드를 담아낸 책 《도시의 재구성》을 보면, 점심시간에는 식당으로 쓰이던 공간이 오후부터는 코워킹 용도로 바뀐다거나, 가정집 역시 낮 시간에 코워킹 장소로 쓰이는 사례 등을 찾아볼 수 있다.**

• https://www.archdaily.com/59266/1111-lincoln-road-herzog-de-meuron.

동네에 상권이 유입되자 원래는 주택이라는 한 가지 용도로만 쓰던 이른바 '꼬마 빌딩'이 저층에는 근린생활시설(상가)을 두고 그 위쪽에는 주거를 넣어 용도를 뒤섞는다. 이것은 최근 '핫 플레이스'가 등장하는 과정에서 우리가 익히 보고 있는 광경이다. 그런데 이제는 이 같은 수준의 혼합을 넘어, 평상시에는 없던 용도가 순간적으로 '팝업'으로 등장해 용도의 구분이 무의미해지는 사례가 점점 늘어나고 있다.

조금 더 설명을 덧붙인다면, 이른바 복합용도(mixed use)라는 것이 과거에는 한 건물에 명백히 구분된 용도의 공간 여럿이 함께 놓여 있는 것을 의미했다. 그러나 이제는 용도가 명확히 정해지지 않은 한 공간에서 무수히 많은 용도가 순간적으로 등장했다가 사라질 수도 있는 시대가 되었다. 아예 팝업스토어만을 겨냥한 플랫폼[***]도 등장했다. 스위트스팟은 남는 공간을 활용할 수 있게 매장을 연결해 주는 플랫폼이다. 제주맥주 주식회사는 2018년 6월 서울 마포구 연남동에 팝업스토어를 열었다. 원래는 커피숍으로 이용되던 건물이다. 24일 동안의 짧은 마케팅을 위해 제주맥주는 커피숍 외장을 완전히 바꿀 정도로 과감하게 투자했다. 불확실성이 큰 시대에

●● 《도시의 재구성》, 음성원, 이데아, 2017, 188~189쪽.
●●● 스위트스팟, www.sweetspot.co.kr.

팝업만큼 간단하고 효과적인 수단도 없다. 제주맥주는 하루 평균 2000명 이상이 방문하며 인지도를 크게 높였다.

도시의 부족한 편의 시설을 팝업으로 해결하려는 시도도 있다. 벨기에 브뤼셀은 도시 내에서 시민들이 공공 수영장을 이용할 수 있게 하자는 취지로 'POOL IS COOL'* 프로젝트를 진행했다. 이 프로젝트는 기존의 자원을 잠깐 다른 용도로 '똑똑하게 사용하자'는 취지를 강조한다. 하루 동안만 공공 분수대를 수영장으로 바꿔 이 지역의 시민들이 한데 모여 물속에 발을 담그며 즐길 수 있게 했다.

네덜란드 암스테르담의 도심지에 있는 유명 극장인 리알토(Rialto)는 암스테르담─자위트(남암스테르담) 지역에 들어서는 암스테르담 자유대학교(Vrije Universiteit, VU)의 강단이 빌 때 영화관으로 이용한다. 남부의 조용한 동네와 번화한 도시 중심지를 연결하려는 시도다.** 그야말로 '팝업시티'의 시대다.

문제는 이 같은 트렌드를 기존의 도시계획 수법에 담아내기가 쉽지 않다는 점이다. 기존의 도시계획은 '부'가 쌓이던 시대에 확립되었던 태생 탓에 서로를 나누고 용도를 구분하여 프라이버시를 보호하는 데 방점을 찍고 있다. 주거와 상업 등을 철저히 구분하려는

● POOLISCOOL, www.pooliscool.org.

●● "University Lecture Hall Turns Into A Cinema At Night," Pop-up city, Jun. 8, 2018, https://popupcity.net/university-lecture-hall-turns-into-a-cinema-at-night/.

시도가 바로 그 사례이지만, 시대는 어느샌가 훌쩍 다른 차원으로 넘어가 버렸다. 이미 '핫 플레이스' 같은 곳에서는 주거와 상업이 뒤섞여 건물 1층의 식당에서 브런치를 즐기고, 재택근무가 활성화되며, 주택에서 음악 공연을 하는 일이 벌어지고 있다. 저성장과 스마트폰이 만들어 놓은 세상은 뒤섞이고, 혼합되며, 교류가 일어나는 '팝업시티'의 생태계를 만들고 있다. 우리가 구축해 둔 도시계획 체계로 보면, 혼돈으로 여겨지는 세계가 일상 속에서 펼쳐지고 있는 셈이다.

8

팝업시티
만들기

66 2008년 세계 금융위기 이후, 건물주의 시대는 저물고
임차인의 시대가 떠올랐다. 저성장과 인구 감소 트렌드에 따라
건물만 있으면 자동으로 수익률이 따라오는 시기가 끝났기 때문이다.
부동산 관리 업체 같은 전문 임차인들은
건물의 수요를 찾아내고, 연결해 주며, 서비스를 가미함으로써
죽어 있는 건물을 살리고 도시를 재생한다. 99

도시별
팝업시티 시스템

이제 본격적으로 공유경제, 그중에서도 에어비앤비를 어떻게 사회 시스템에 녹여낼 수 있을지에 대해 이야기해 보자. 공유경제의 제도화를 논의하려면 필연적으로 '공유경제를 어떻게 정의하느냐'는 질문에 대한 답이 필요하다.

또한 공유경제의 주요 특징 중 하나가 개인 간 거래(P2P) 형태라고 단순화할 수 있다면, '공유경제가 무엇인가'라는 질문은 다시 '개인이란 무엇인가'라는 질문으로 이어진다. 서비스 거래는 다양한 규제에 직면하는데, 규제를 완화하여 적용해 얻는 '규제 차익'이 개인에게만 가도록 제도를 설계해야 하기 때문이다.

전문 사업자가 '규제 차익'을 얻게 되면 기존 사업자와 형평성 문제가 생길 수 있다. 물론 산업 전략이라는 측면에서 특정 분야에 규제 차익을 주는 것은 또 다른 문제이긴 하지만 말이다. 따라서 공유경제 관련 제도를 설계할 때 우리는 '개인'이 무엇인지 정의해야만 하고, 이를 바탕으로 '무엇이 공유인가'라는 질문에 대한 답을 해야 한다.

예컨대 중고거래 사이트인 '중고나라'에서 규제 차익을 얻는 것이 허용되는 이들은 개인이다. 그래서 국내 법체계는 개인 간 중고 물품 거래에 대해 규제하지 않는다. 그 대신 인터넷을 통해 거래하는 전문 사업자의 경우에는 통신판매업 신고 등을 거쳐야 한다. 따라서 어디까지를 개인이라 규정하고, 어디서부터를 전문 사업자로 규정하는지가 중요하다고 할 수 있다. 내가 산 물건이 마음에 들지 않아 포장도 뜯지 않은 채로 판매한다면, 그것을 두고 우리는 개인 간 거래로 볼 수 있을까? 포장도 뜯지 않은 물건이 10개 이상이라면? 아니, 100개 이상이라면 이 거래를 어떻게 바라보아야 할까?

또 다른 예를 들어 보자. 미국은 개인이 1년 동안 최대로 판매할 수 있는 자동차의 수를 법으로 정해 두고 있다. 워싱턴주의 경우 연간 4대까지의 거래를 개인 간 거래로 규정한다.* 개인 간 거래로

---

* "Buying and selling vehicles without an auto dealers license," Department

규정한다는 의미는 중고 자동차를 판매할 때 '딜러 라이센스'가 없어도 된다는 뜻이다.

공유경제도 이와 비슷하다. 우리는 사회에서 이해할 만한 수준으로 선을 그어야만 한다. 그것이 바로 공유경제 관련 제도의 기본적인 프레임이다. 공유경제 중에서도, 공유를 통해 집의 일부를 빌려주는 것에 대해 해외의 많은 도시는 '단기 임대(short term rental)'라고 표현한다. 쓰지 않는 집, 또는 집 일부를 잠깐 빌려준다는 의미다. 여기서 '단기'란 주로 '30일'을 뜻한다. 1박 2일이든, 3박 4일이든 30일 이내로 집을 빌려줄 때 단기임대라 하고, 그에 관한 규정을 만드는 식으로 일반적인 임대 형태와 구분한다.

이 단기 임대와 관련해 어떤 제도를 만들어 두었는지, 각 도시별 사례를 살펴보자.

미국 캘리포니아주의 산호세는 2014년 12월 단기 임대 제도를 내놓았다. 산호세가 적용한 법은 본인이 살고 있는 집이라면 얼마든지 무제한으로 공유할 수 있게 허용한다. 본인이 살고 있지 않을 경우에만 연간 180일까지만 운영하도록 하는 규제를 적용했다. 산호세의 경우 단기 임대를 내주는 집에 집주인이 살고 있는지, 또는

of Revenue Washington State, Mar. 30, 2017, https://dor.wa.gov/get-form-or-publication/publications-subject/tax-topics/buying-and-selling-vehicles-without-auto-dealers-license.

빈집을 얼마나 자주 임대하는지를 공유 또는 개인을 가늠하는 중요한 기준으로 삼았다. 집주인이 살고 있는 경우에는 완전한 개인 간 거래로 보고, 집주인이 살고 있지 않을 경우에는 연간 180일 영업까지만 개인 간 거래로 본다고 이해할 수 있다.

최근 의회에서 관련 법안이 통과된 오스트레일리아는 집주인이 있을 경우 아무런 제한 없이 빈방을 공유할 수 있게 허용하고, 호스트가 없을 경우에 대해서도 최소 연간 180일 이상은 공유할 수 있게 보장했다(지역에 따라 규제의 정도가 다르지만 최소한 180일은 영업할 수 있게 했다).

독일 베를린시는 2018년 3월, 자신이 살고 있는 집을 포함해 세컨드 하우스까지 연간 182일 내에서 관광객에게 집을 공유하는 것을 허용한다고 밝혔다. 미국 시애틀*도 살고 있는 집과 더불어 세컨드 하우스 한 채까지 공유할 수 있게 했다. 또한 에어비앤비를 통해 업종 라이센스를 얻을 수 있는 손쉬운 등록 체계를 만들기도 했다. 미국 웨스트할리우드는 집주인이 살고 있는 집의 빈방을 공유하는 것을 제한 없이 허용했다.

---

* "Proposed short-term rental regulations are good for Seattle and for Airbnb hosts," airbnbcitizen, Dec. 9, 2017. https://www.airbnbcitizen.com/short-term-rental-regulations-good-for-seattle/weforum.org/docs/WEF_Understanding_the_Sharing_Economy_report_2016.pdf.

빈방, 빈집에 대한
차등 규제

각 도시의 접근법을 보면, 저마다 규제 방식에 조금씩 차이가 있다는 점을 알 수 있다. 이 차이는 어디에서 온 걸까? 이는 각 도시별 사회적 환경과 무관하지 않다. 각 도시가 처한 상황에서 공유경제가 만들어 낼 수 있는 사회적 편익을 고려해 공유경제의 범위를 넓게 설정하기도, 협소하게 정의하기도 한다. 집주인이 살고 있는 집의 빈방과 살고 있지 않은 빈집에 대한 '차등화된 규제 체계'를 바탕으로 각 도시의 상황을 반영한다는 점은 흥미로운 대목이다.

사실 집주인이 살고 있는 집의 빈방은 관광객과 공유하든 하지

국가/도시	공유경제(숙박 공유 또는 단기 임대)의 범위
한국(국회 발의안)	집주인 거주 시 빈방 연간 180일까지
미국/산호세	집주인 거주 시/집주인 부재 시 연간 180일까지
미국/시애틀	살고 있는 집/세컨드 하우스
미국/웨스트할리우드	집주인 거주 시 빈방
오스트레일리아/그레이터시드니	집주인 거주 시 빈방/집주인 부재 시 연간 180일
독일/베를린	집주인 거주 여부와 상관없이 연간 182일

각 도시별로 조금씩 다르게 설정해 둔 공유경제의 범위
여기서는 공유경제의 대상이 되어 완화된 규제를 받을 수 있는 범위에 대해서만 표기했다.

않든 간에, 일반적인 가정집의 범주에서 벗어난다고 볼 수 없다. 많은 도시에서 살고 있는 집의 빈방 공유를 거의 제한 없이 허용하고 있는 것은 바로 이 때문이다. 다시 말해, 빈방은 공유의 범주에도 정확히 들어맞는다. 전문 사업자들을 대상으로 하는 규제 체계보다 완화된 기준을 적용할 합리적 이유가 될 수 있다는 뜻이다.

빈방은 집주인이 존재해 집의 관리인으로서 관광객의 일탈을 제어할 수 있고, 일탈이 생기더라도 책임 소재가 분명하다. 아울러 이웃집에 대해 소음 등의 문제가 발생하면 '삼진아웃제' 등과 같은 방식으로 퇴출할 수도 있다. 일반 가정집에 소방안전 규제를 적용하지 않듯이, 빈방을 공유했을 경우에도 특별한 규제를 더 적용할 이유가 없다.

반면 빈집의 경우에는 논란의 여지가 있다. 빈집은 주거 기능과 충돌할 수도 있다는 지적이 대표적이다. 빈집을 공유 숙박으로 이용했을 때의 수익률이 주택 임대 수익률보다 확연히 높을 경우, 집주인이 주택 대신 공유 숙박 또는 단기 임대용으로 이용하려 할 수도 있다는 것이다. 그렇게 되면 주택이 점점 공유 숙박용으로 바뀌고, 결국 주택 부족으로 이어질 우려가 있다. 이에 따라 주거 안정성이 훼손된다는 논리로도 이어진다.

이 논리는 일견 그럴듯해 보이지만 현실 세계에서 적용될 때는 도시마다, 상황에 따라 다를 수도 있다는 점을 유념해야 한다. 공유경제 분야의 대표적 석학으로 꼽히는 아룬 순다라라잔 뉴욕대학교 비즈니스스쿨 교수와 하버드대학교 비즈니스스쿨 교수로 재직하다 에어비앤비에서 일하고 있는 피터 콜스(Peter Coles) 등은 〈뉴욕시 동네에서의 에어비앤비 이용 양태: 지리적 패턴과 제도적 함의〉* 라는 제목의 논문에서 다음과 같이 밝혔다. "많은 경우에 단기 임대가 전통적인 임대보다 수익성이 높은 것은 아니며, 시간이 흐를수록 상대적으로 수익성이 떨어지는 것으로 나타났다. (…) 단기 임대는 도심 외곽의 중산층 동네에서 가장 높은 수익률을 보였다." 다시 말해, 이른바 관광객에게 인기가 많은 도심지에서는 일반적인 주거용 임대가 더 높은 수익률을 보이기 때문에 단기 임대로 전환할 유인이 없다는 뜻이다. 아울러 독일 베를린 행정법원은 2018년 3월 공유 숙박이 집값에 영향을 주지 않는다고 밝혔다. 그 후 베를린시는 앞서 설명했듯이, 세컨드 하우스까지도 연간 182일까지는 허용한다고 발표했다.**

---

* "Airbnb Usage Across New York City Neighborhoods: Geographic Patterns and Regulatory Implications," Ingrid Gould Ellen, Xiaodi Li, Arun Sundararajan, Peter Coles, Michael Egesdal, Oct. 12, 2017. *Cambridge Handbook of the Law of the Sharing Economy*(forthcoming).
** "With new housing rules, Berlin embraces home sharing," airbnbcitizen, Mar. 22, 2018. https://www.airbnbcitizen.com/with-new-housing-rules-berlin-embraces-home-sharing/.

사실 한국의 경우, 현행법으로도 이미 숙박 시설을 짓는 데 주거 지역을 이용하고 있다. 관광진흥법 시행령 14조에는 '관광숙박시설의 건축지역'에 대한 설명이 나오는데, 여기에는 보통 아파트나 빌라 등이 들어서는 '일반 주거 지역'이 포함된다.

이는 다시 말해, 주택이 지어질 자리에 '원칙적으로는' 숙박업소가 들어설 여지가 있다는 뜻이다. 원래 주택이었던 집도 일정한 조건(대지의 크기나 인접 도로의 폭 등)을 충족하면 호스텔업을 위한 숙박업소로 변경할 수 있다.

물론 이는 허가제로 운영되고 있기 때문에 지방자치단체의 면밀한 검토 이후에 적용되며, 주거 안정성에 피해를 준다고 파악되면 허가 자체를 받지 못하는 것이 사실이다. 실제로 주거지에 호스텔업이 허용되기는 쉽지 않지만, 법 내용 자체만 보면 소규모일 경우에는 주택에서도 얼마든지 숙박업을 영위할 수 있도록 문을 열어 두었다는 의미이므로 주목할 만하다.

어찌 됐든 빈집은 이처럼 논쟁적 요소를 담고 있다. 그렇다 보니, 특히 주거 기능 손실 우려가 큰 곳에서는 빈집을 숙박 공유로 사용하는 데 대해 규제하는 경우가 많다. 많은 도시에서 빈방보다는 빈집에 대해 규제를 적용하는 경향이 짙은 것은 이 때문이다. 연간 180일만 영업할 수 있게 하는 식의 규제가 '빈집'에 적용된다거나, 공유하는 집의 개수를 기준으로 규제하는 경우(미국 저지시티)가

공유 형태로 비교해 본 한국에 발의된 공유민박업 제도와 다른 도시의 단기 임대 제도

국가/도시	공유 형태	제도
한국(국회에 발의된 공유민박업)	개인실 (집주인 주민등록)	연간 180일 제한
	집 전체 (집주인 주민등록이 되어 있지 않은 경우 및 세컨드 하우스 이용 등)	허용되지 않음
미국/산호세	개인실 (집주인 거주 시)	제한 없음
	집 전체 (집주인 부재 시, 집주인 거주 주택 이용)	연간 180일 제한
미국/저지시티	개인실	제한 없음/집(dwelling units)
	집 전체	5채 이상에 대해서는 규제
미국/뉴욕	개인실 (집주인 거주 시)	제한 없음
	집 전체 (집주인 부재 시)	• 일반 주택: 제한 없음 • "Class A" 집합주택(multiple dwellings) 불가
미국/시애틀	개인실	등록 이후 제한 없음
	집 전체	집주인 거주 주택에 더해 세컨드 하우스까지 2채 이용 가능
네덜란드/암스테르담	개인실 (집주인 거주 시)	제한 없음
	집 전체 (집주인 부재 시, 집주인 거주 주택 이용)	연간 60일 제한(60일까지는 전문 사업자로 보지 않고 의무 부과하지 않음)
프랑스	개인실 (집주인 거주 시, 집주인 거주 주택 이용)	제한 없음
	집 전체 (집주인 부재 시, 집주인 거주 주택 이용)	120일 제한

통계청은 30년 이상 된 빈집이
38만 호에 이른다며 포스터를 만들어
소셜 미디어에 공유했다.
(그림: 통계청)

나타나는 것은 바로 이런 점 때문이다. 예컨대, 독일 함부르크시는
2013년 만든 주택법 개정안을 통해 라이센스가 없어도 거주하고
있는 집의 일부 또는 전체를 공유하는 것을 완전히 합법화했다. 다
만 빈집, 즉 세컨드 하우스의 경우에는 라이센스를 획득한 뒤 공유
할 수 있게 한다. 살고 있는 집의 빈방과 빈집에 대한 차등 규제를
적용하고 있는 것이다.

  빈집 활용에 논란의 여지가 있다 하더라도, 빈집 공유를 원천 봉
쇄하는 것이 맞느냐고 하면 또 그렇지 않다. 도시나 동네에 따라 공
유경제를 적극적으로 활용할 필요가 있는 경우도 있다. 특히 저성
장 시대를 맞아 도시에 빈 공간이 늘어나고 활용법을 찾지 못하는
사례가 늘면서, 비어 있는 집을 활용하는 방법은 도시재생의 필수

적인 요소가 되었다. 쇠퇴한 동네에서는 비어 있는 집을 활용할 여지가 많을수록 좋기 때문이다. 폐가의 존재는 '깨진 유리창의 법칙'에 의해 동네에 꾸준히 악영향을 미친다. 관리가 잘 되지 않는 집의 존재는 마을 전체에 부정적인 영향을 끼치기 때문에 앞서 사례로 든 요시노 등의 경우처럼 에어비앤비를 통해 외부인을 투입해 동네에 활력을 줄 필요가 있다.

만약 공유경제라는 수단이 없다면 주택을 숙박 시설로 바꾸기 위해 들여야 할 노력이 지나치게 커진다. 기존 제도에 걸맞은 건물의 형태를 갖춰야 하고, 어떤 경우에는 용도지역을 변경해야만 하는 등 사실상 불가능한 미션을 수행해야 할 수도 있다. 또한 여러 조건을 맞춰 숙박 시설로 바꿨는데 외부 환경이 바뀌어 더 이상 숙박 시설로서의 기능이 필요하지 않다면, 또다시 주거용으로 되돌려야만 하는 낭비가 이어질 수밖에 없다.

새로운 테크놀로지를 통해 우리는 소프트웨어적 해법을 개발해냈다. 그것이 바로 공유경제를 활용한 팝업시티 방식이다. 이런 테크놀로지를 활용하지 않고, 어렵고 복잡한 구시대적 방법을 이용할 수밖에 없다면 그야말로 안타까운 일이 아닐 수 없다. 따라서 빈집 공유에 대해 원칙적으로는 가능하도록 해두되, 각 지역별 사정에 따라 조례 등을 통해 빈집 공유를 제한하거나 활성화할 수 있게 하는 것이 바람직하다고 본다.

흥미로운 사실은 선진국들이 집을 공유하는 제도를 마련할 때 기존 도시계획 체계에 포함하고 있다는 점이다. 예컨대, 앞서 언급했던 산호세의 경우 단기 임대를 바탕으로 타인에게 집을 빌려주는 것에 대해 '부수적인 일시 사용'이라는 새로운 내용으로 용도지역제(zoning code)에 포함했다.

영국 런던은 2015년 5월 관련 법을 통과시키면서, 거주용 주택을 가끔 게스트 숙박용으로 활용하는 것에 대해 "용도 변경에 해당하는 사항이 아니다"라고 못 박았다. 팝업이 어디에서, 얼마나, 어떻게 이루어지는지에 대한 도시계획적 접근은 도시에 대한 큰 그림을 볼 수 있게 도와주는 측면이 있다.

반면, 한국은 관광 진흥이라는 방식으로 접근하고 있다. 그러다 보니 다른 나라의 도시들이 '단기 임대'라는 카테고리로 분류해 제도를 마련하는 것과 달리 '공유 민박'이라는 표현을 통해 관광 숙박을 위한 새로운 업태를 만드는 방식으로 제도화가 진행되고 있다.

관광을 강조하는 한국

한국 제도의 특징 중 하나는 집 일부를 남에게 빌려줄 수 있는 제도가 이미 예전부터 존재해 왔다는 것이다. 물론 그 제도를 설계한 취지는 해외 다른 나라들의 경우와는 완전히 다르다.

기존 법체계에서, 서울과 같은 도시 지역에서 집 일부를 빌려줄 수 있게 하는 대표적인 업태가 바로 외국인관광 도시민박업이다. 2011년 12월 도입된 이 업태는 당시 빠르게 증가하는 중국인 관광객을 소화하는 것을 목적으로, 관광진흥법 시행령 및 시행규칙 개정을 통해 도입되었다. 당시 문화체육관광부는 이 업태의 도입을 소개하는 보도자료를 내어 다음과 같이 밝혔다.

> "정부는 12월 30일(금) '외국인관광 도시민박업'을 관광편의시설업●으로 추가한 관광진흥법 시행령 및 시행규칙을 공포·시행했다. (…) 최근 외래 관광객 급증에 따른 숙박 시설 부족 상황 해소와 한국 가정 문화 체험을 희망하는 관광 수요를 맞추는 데 도움이 될 것으로 기대하고 있다."●●

● '관광편의시설업'이었던 외국인관광 도시민박업은 2016년 3월 시행령 개정으로 '관광객 이용시설업'으로 재분류되었다. 편의시설업은 관광진흥법 이외의 법(문화체육관광부 이외의 부처)에서 인허가를 받고 문체부에서 추가 지정을 하는 업종들이고, 이용시설업은 문체부가 직접 등록을 할 수 있는 문체부 소관 업종이다.
●● 〈외국인 관광 도시민박업(홈스테이) 지정·지원 제도 본격 시행〉, 2011년 12월 30일, 문화체육관광부, https://www.mcst.go.kr/web/s_notice/press/pressView.jsp?pSeq=11865.

'임대' 개념이 아니라 국내 관광 진흥을 위해 외국인 관광객만을 대상으로 한 '숙박'으로 규정하여 제도가 설계되었다는 점이 다른 도시들과 확연히 다른 점이다. 이 업태는 한국으로 쏟아져 들어오는 외국인 관광객들에게 하나의 옵션을 추가해 준 것이라고 이해할 수 있다.

당시 정부는 전통적인 숙박이 아닌 다른 형태의 숙박이라는 점을 강조하기 위해 외국인들이 한국 가정 문화를 체험할 수 있도록 한다는 취지를 넣었다. 그러다 보니 집주인이 거주하는 집의 일부, 빈방을 관광객에게 내어주는 형태로만 만들어졌다. 빈집은 애초에 고려 대상이 아니었다. '총면적 230제곱미터(약 70평) 미만', '집주인이 실제 거주할 것' 등과 같은 제한 조건이 들어간 것도 법 제정 취지를 살리기 위해서다. 외국인들이 한국의 가정 문화를 체험할 수 있게 하려면 한국의 평균 규모 주택 안에서 집주인과 함께 거주해야만 한다는 조건을 붙일 수밖에 없었던 것이다.

한옥 체험업과 농어촌 민박업은 이보다 앞서 도입되었다. 2009년 10월 도입된 한옥체험업은 한옥에서 전통문화를 경험하며 숙박할 수 있게 하자는 취지로 외국인관광 도시민박업과 마찬가지로 관광진흥법 시행령 개정을 통해 만들어졌다. 1994년 2월 도입된 농어촌 민박업은 농가 소득 증진을 취지로 만들어졌기 때문에 두 업태 모두 내·외국인을 모두 관광객으로 받을 수 있게 하고 있다.

이런 가운데 에어비앤비가 한국 사회에 빠르게 자리를 잡아 가면서 집 일부를 남에게 빌려주는 방식 역시 기존의 관성에 따라 '숙박'으로 여겨지게 되었고, 많은 사람이 '공유 숙박', '공유 민박' 또는 '도시 민박'이라는 표현을 쓰기 시작했다. 해외에서는 '단기 임대'라는 표현을 쓰면서 '임대' 방식의 일부라고 설명하는 반면, 국내에서는 관광과 숙박을 강조하면서 공유경제와 숙박이 합쳐져 용어가 만들어진 셈이다. 아울러 에어비앤비는 단독주택이나 아파트 같은 '집'을 기반으로 하는 플랫폼이기 때문에, 이와 똑같이 집을 기반으로 하는 숙박업인 외국인관광 도시민박업, 한옥체험업, 농어촌 민박업 등이 자연스럽게 공유숙박업을 위한 제도처럼 받아들여져 왔다.

그러나 이 업태들은 앞서 설명했듯이 공유숙박업의 등장과 관계없이 만들어진 제도다. 따라서 '공유 숙박을 관할하는 법은 없다'는 '회색지대론'을 주장할 여지도 없지는 않다. 다음의 사례들을 보면 그런 생각이 더욱 짙어질 것이라고 생각한다.

"요즘 대구나 부산에서 서울 오면 친척 집에를 안 가더라고요. 언니가 옆에 살아도 안 가는 거예요. 예전에는 친척 집에 모여서 고스톱도 치고 그랬는데, 이제는 트렌드가 바뀌는 거죠. 그런데 그런 분들이 모텔 같은 숙박 시설에서 어떻게 묵겠어요."
— 석정은 씨, 서울 청담동 에어비앤비 호스트

"인테리어 공사 때문에 집을 비워야 해서 가족 전체가 우리 집 (에어비앤비)에 와 몇 주 또는 한 달씩 살다 가신 경우가 있는데요. 아무래도 자녀분 데리고 모텔이나 호텔을 이용하기는 부담스럽죠. 저도 에어비앤비로 우리 집을 빌려주면, 아내와 함께 살아 보고 싶었던 곳으로 가서 살아 보거든요. 홍대 인근이라든지 동인천 같은 곳에 가서 동네 특유의 느낌으로 며칠이지만 살아 보죠. 그게 삶을 굉장히 풍성하게 해줘요."

－익명, 서울 성북구 에어비앤비 호스트

"이사 가려는 데 나가는 시점과 새집 들어가는 시점이 떨어져서 잠시 살 곳이 필요했어요. 그래서 에어비앤비로 한 달 가까이 살았죠. 저는 그냥 '셰어하우스'를 이용했다고 생각해요."

－김의연 씨, 대학생, 에어비앤비 게스트

공유 숙박과 비슷하게 집주인이 있고, 빈방을 학생들에게 임대해 주고 식사를 제공하는 '하숙'이라는 업태도 관련 법이 존재하지 않는다. 그러나 어찌 됐든 도시 지역에서 제도의 범위를 벗어나지 않고 공유 숙박을 이용할 수 있는 방법이 외국인관광 도시민박업밖에 없다 보니, 내국인을 손님으로 맞이하지 못하는 제한에 대한 불만이 높아지고 있다. 외국인관광 도시민박업은 그 존재 자체만으로 나머지 활동을 불법으로 만들 여지가 크다. 2017년 4월 25일 서울시가 연 '2017 외국인관광 도시민박업 및 한옥체험업 사업 설명회'에서 발표자로 나온 에어비앤비 호스트 김경락 씨는 이렇게 말했다.

"한국인이 연락해 와서 숙박 문의를 하는 경우가 많아요. 그분들에게 한국인은 받을 수 없다고 설명하면 다들 항의합니다. '그런 법이 어디 있느냐'고 황당해하지요."

전통적인 관광객과는 다른 형태로 집의 공유를 이용하려는 수요도 생겨나고 있다. 예컨대 서울에 있는 대학에 입학시험을 보는 지방 학생들이 시험 일주일 전부터 미리 서울에 올라와 학원에 다니며 마지막 정리를 하는 경우가 많은데, 이들이 이용할 숙소가 마땅치 않다. 관광객을 위한 호텔을 이용하기도, 게스트하우스를 이용하기도 마땅치 않다. 이 학생들의 경우에는 가정집의 빈방을 잠깐 이용하는 것이 가장 적절한 듯한데, 이를 두고 '숙박'이라 표현하는 것은 그리 어울려 보이지 않는다. 오히려 외국의 사례처럼 '단기 임대'라는 표현이 더 적합해 보일 수도 있다.

세계적인 트렌드인 공유경제에서는 차량 공유와 함께 집의 공유가 대표적이다. 그렇다 보니 에어비앤비로 대표되는 숙박 공유 제도 역시 2018년 여름 한국에서 거세게 불었던 규제 혁신 바람을 타고 혁신 성장을 위한 주요 의제로 포함되었다.

특히 한국의 카풀 서비스 업체로 유명한 스타트업 '풀러스'가 2018년 6월 70퍼센트의 직원을 감축하며,[●] 많은 언론이 정부에 비판의 칼날을 세웠던 것이 큰 계기가 되었다. 문재인 정부는 규제 혁신에 나서겠다고 밝혔고, 공유경제 관련 제도도 이 같은 취지로 논의되기 시작했다. 집의 공유를 허용하자는 주장은 자연스럽게 기존의 외국인관광 도시민박업이 지닌 한계, 즉 외국인 관광객만 받을 수밖에 없다는 점에 초점이 맞춰지게 되었고, "내국인도 이용할 수 있게 해야 한다"는 주장으로 번졌다.

앞서 국회의원들은 규제 개혁 차원으로 2016년 발의한 규제 프리존 특별법 안에 공유민박업(2016년 5월, 이학재 의원 등 발의)이라는 새로운 업태를 포함하기도 했고, 에어비앤비가 확산되고 있으니 관련 제도를 만들자며 관광진흥법 개정안 발의를 통해 공유민박업(2016년 10월, 전희경 의원 등 발의) 또는 도시민박업(2017년 7월, 이완영 의원 등 발의)을 도입하는 내용을 제안하기도 했다. 규제 프리존 특별법을 반영해 만들어진 '규제자유특구 및 지역특화발전특구에 관한 규제특례법(규제특례법)'은 2018년 9월 20일 국회를 통과했지만, 아쉽게도 공유민박업은 포함되지 않았다. 이제 관광진흥법 개정안의 국회 통

● 〈규제에 묶여 직원 70% 내보냈다…4차 산업혁명의 비명〉, 《중앙일보》, 2018년 6월 22일, https://news.joins.com/article/22737510.

과 등 다른 방식으로 공유민박업이라는 새로운 업태가 도입되길 기대하고 있다.

공유민박업이라는 새로운 업태는, 집주인이 살고 있는 집의 빈방을 내·외국인 구분 없이 1년에 최대 180일까지 이용할 수 있게 한다는 내용이 핵심이다. 외국인관광 도시민박업의 기본 구조를 차용한 뒤 영업일 연동 방식을 통해 전문 사업자가 받는 규제보다 완화된 규제를 적용받는 것을 정당화하는 방식으로 틀을 짠 것으로 보인다.

이와 관련해 문화체육관광부 관광산업과 직원은 한 인터뷰에서 "공유경제 본연의 의미는 유휴 자원의 활용"이며, "영업 일수 제한은 본질 전도와 인근 주민의 주거 안정을 위한 장치"*라고 설명했다. 그러나 살고 있는 집의 빈방에 대해서는 열어 두고, 집주인 부재 시의 빈집에 대해서만 규제하는 해외의 제도와 비교하면 아쉬운 면이 없지 않다. 다만 새로운 업태를 담아내는 새로운 제도의 도입을 논의하고 있다는 점은 그 자체로 큰 진보다. 적어도 첫발을 내디뎌야 다음 발을 움직일 수 있기 때문이다.

---

* 〈여행문화로 자리잡은 게스트하우스, 불법·변질로 얼룩지다〉, 《부대신문》, 2016년 8월 28일, http://weekly.pusan.ac.kr/news/articleView.html?idxno=5585.

지역 기반 도시재생 회사를
키워야 한다

일본에서는 일반 주택을 이용한 '민박'을 제도권 안으로 끌어들이는 '주택숙박사업법'이 2017년 6월 참의원(상원)을 통과했다. 에어비앤비 등과 같은 글로벌 플랫폼을 이용해 집의 일부나 빈집을 공유할 수 있는 이른바 '공유 숙박'의 제도화가 이루어진 것은 일본이 아시아에서 처음이다.

관련 절차를 거쳐 2018년 6월 시행된 이 법안은 플랫폼에서 공유되는 업태를 두 가지로 나눠 설명하고 있다. 첫 번째는 자신이 살고 있는 집 일부를 공유할 때이고, 두 번째는 비어 있는 집을 공유할 때다. 다시 말해 빈집(세컨드 하우스)도 공유할 수 있다. 쇠퇴 도시가 많아 빈집 활용에 적극적으로 나서겠다는 일본 정부의 의지가 반영된 부분이다. 다만, 이 법안은 두 경우 모두에 대해 1년의 절반에 해당하는 180일로 공유를 제한한다.

이 법안의 한 가지 특징은 비어 있는 집을 공유할 때 부동산 관리 업체가 운영할 수 있게 한 점이다. 부동산 관리 업체를 에어비앤비 호스트와 같은 '관리자'로 간주한다는 뜻이다. 이는 '세컨드 하우스' 등과 같은 빈집의 활용을 극대화할 수 있게 도와준다는 점에서 의미가 크다. 집을 두 채 이상 소유한 사람들의 경우 에어비앤비 등의 플랫폼을 이용해 자산 활용을 극대화할 수 있게 된 것이다.

도시재생과 농촌 활성화 등을 위해서는 이 같은 내용의 도입이 필수적이다. 도시는 집을 소유한 사람들이 투자자 역할을 하고 부동산 관리 업체가 운영을 도맡으며 빈집의 새로운 활용 방안을 모색하는 방식으로 도시재생에 나서는 한편, 파생 산업의 직업군을 창출하면서 재생이 이루어지고 변화가 나타난다.

여기서 지역 기반 부동산 관리 업체는 이 생태계를 이끄는 핵심 요소다. 동네의 특성을 반영해 전문적으로 임차인의 구성을 관리하고, 필요한 수요를 찾아내고 서비스를 공급해 동네의 생존을 꾀할 수 있는 능력을 갖춘 지역 기반 부동산 관리 업체의 존재는 필수적이다. 이들의 존재는 도시재생을 촉진하고, 젠트리피케이션을 예방한다.

2008년 세계 금융위기 이후, 건물주의 시대는 저물고 임차인의 시대가 떠올랐다. 저성장과 인구 감소 트렌드에 따라 건물만 있으면 자동으로 수익률이 따라오는 시기가 끝났기 때문이다. 부동산 관리 업체 같은 전문 임차인들은 건물의 수요를 찾아내고, 연결해주며, 서비스를 가미함으로써 죽어 있는 건물을 살리고 도시를 재생한다. 위워크 같은 공유 오피스 업체들도 기본적으로는 부동산 관리 업체다.

도시재생을 위해서는 반드시 먼저 특정 지역에 어울리는 쓰임새를 찾아내야 한다. 모건스탠리가 2011년에 발표한 〈주택시장 인사이트: 임차인 사회(Housing Market Insights: A Rentership Society)〉*가 강조한 대목도 바로 이 점이다. 그렇다면 지역 수요에 맞는 새로운 쓰임새를 찾아내는 일은 동네를 아주 잘 아는 전문가에게 맡겨야 한다. 전문가는 그 지역을 기반으로 일하는 회사가 아니면 안 된다. 전문성 있는 지역 기반 부동산 관리 업체가 중요하다는 뜻이다. 많은 전문가가 '로컬 스타트업'의 등장을 기대하고 있는 것도 같은 맥락에서다.

각 동네를 관리할 역량을 갖춘 부동산 관리 회사가 존재할 수 있다는 것은 도시재생의 선행조건이기도 하다. 이 같은 회사를 육성하는 토대가 바로 빈집을 활용할 수 있는 여러 대안을 확보하는 것이다. 숙박 공유 사업을 통해 빈집이 관리되고, 관광형 도시재생이 이루어질 수 있게 하려면 지역 기반 부동산 관리 회사의 존재가 필수적이며, 이들이 에어비앤비를 활용할 수 있도록 제도로 열어 주어야 한다.

앞에서 언급했듯이, 여행의 트렌드는 현지에서 살아 보는 '체류형 관광'으로 방향이 바뀌고 있다. 이 트렌드를 잡기 위한 노력으로 소

---

* http://www.morganstanleyfa.com/public/projectfiles/5bee89b1-94ce-45b5-b4b6-09f0ffdc626a.pdf.

개하고 싶은 사례는 동네 전체를 호텔처럼 이용하는 마을 관광이다. 일본에서 다양한 방식으로 등장하고 있다. 일본 도쿄의 야나카 지역에서는 2015년 11월 '하나레'*라는 이름의 '커뮤니티 호텔'**을 도입했다. 하나레는 도쿄예술대학교 건축학과의 작업실이자 아지트로 쓰이던 오래된 목조건물인 '하기소'라는 건물을 거점으로 삼아 동네 전체를 마치 하나의 호텔처럼 활용하는 프로젝트다. 동네를 찾은 손님이 하기소 2층 리셉션 데스크에서 체크인하고 마을의 정보와 규칙을 전달받으면서 여행이 시작된다.

리셉션 건물에서 이벤트·전시·공연 등을 구경하고, 마을 전체에 흩어져 있는 집에서 숙박을 하고, 동네 맛집에서 식사를 하고, 동네 목욕탕에서 목욕하고, 사찰과 지역 문화센터에서 문화 체험을 한다. 호텔 한 건물에 갖춰져 있는 편의 시설을 지역적으로 넓게 퍼뜨려 동네 전체에서 이용할 수 있게 했다.

일본 이시카와현 와지마시 미이지구의 '사토야마 통째로 호텔'*** 역시 이와 비슷한 개념이다. 농가 민박에서 잠을 자고(에어비앤비 같은 개념), 자전거로 마을 산책을 하거나 전통 공예지를 만드는 체험을

● 하나레 웹사이트, http://hanare.hagiso.jp.
●● 〈마을이 호텔이 되는 "커뮤니티 호텔"을 통한 도시재생〉, 《웹진 문화관광》, 윤주선(건축도시공간연구소 부연구위원), 2018년 3월, http://www.kcti.re.kr/webzine2/webzineView.action?issue_count=82&menu_seq=5&board_seq=1.
●●● 사토야마 통째로 호텔 웹사이트, http://www.satoyamamarugoto.com.

사토야마 통째로 호텔, 자전거타기, 리셉션, 전통지 뜨기, 베케이션 렌탈(집 또는 아파트 단기 임대), 휴식, 식당, 호텔, 염소 체험, 기념품샵. (자료: http://www.satoyamamarugoto.com)

즐기고(에어비앤비 트립과 비슷한 개념), 지역 특산물로 요리한 음식을 먹을 수 있다. 이곳은 2018년 초에 문을 연 뒤, 매달 1000명 가까운 고객이 몰리며 아베 정부가 추진하는 '체류형 농박'의 모범 사례로 평가받고 있다고 한다.●

이 두 사례에서 볼 수 있듯이, 외부에서 이 동네를 찾는 손님은

● 〈마을 전체가 하나의 호텔…일본 농촌민박 대박났다〉, 《농민신문》, 2018년 9월 10일, https://www.nongmin.com/news/NEWS/ECO/WLD/298141/view.

동네에서 체류하며 동네에서 '살아 보는 듯한 경험'을 얻어 갈 수 있고, 동네 입장에서는 지역 경제가 활성화되는 부수적인 효과를 얻을 수 있다. 빈집이 많이 있던 곳에서는 그것을 활용하는 방안도 쉽게 내놓을 수 있다. 에어비앤비를 이용해 빈집을 숙소로 만드는 것이 그중 하나다.

이 커뮤니티 호텔이 성공하려면 동네 전체를 큰 그림으로 보고 운영할 수 있는 전문 사업자가 필수적이다. 동네 협동조합이 그 주인공이 될 수도 있고, 앞서 언급한 부동산 관리 회사 역시 적절한 역할을 할 수 있을 것이다. 중요한 것은 그 동네의 매력을 아주 잘 알아야 하고, 외부와 소통하며 서비스를 제공하는 전문적인 능력을 갖춰야 한다는 점이다. 바로 이 전문 사업자들이 직접 폐허로 남아 있던 빈집을 숙소로 활용할 수 있게 되는 시대를 기대한다. 관광객 맞이의 핵심 시설은 역시나 숙소 아닌가. 일본과 같은 법안이 마련되어 있지 않으면 숙소를 관리하기가 간단하지 않다. 그런 점에서 일본의 법안은 주목할 만하다.

사회가 바뀌기 위한 선행조건

에어비앤비를 둘러싼
오해와 편견

자동차를 타려면 반드시 운전사, 기관원, 기수 세 명이 동반해야 한다. 기수는 붉은 깃발을 들고 55미터 앞에서 자동차 앞 교통정리를 해야 한다. 최고속도는 시속 3.2(시내)~6.4(시외)킬로미터로 제한된다. 1865년, 마차가 도로를 지배하던 시대에 자동차가 등장하면서 영국에서 제정된 '적기조례(Red Flag Act)'의 내용이다.

　당시 이 규제는 말과 사람의 안전을 위한다는 명목에서 제정되었지만, 진짜 이유는 새로운 것에 대한 두려움이었다. 그에 따른 부작용은 생각보다 크다. 현실을 정확하게 직시하지 못하게 만들기 때문이다. 적기조례는 최초로 자동차 상용화를 일군 영국의 자동차

산업의 발목을 잡았다.

새로운 것에 대한 비이성적인 두려움은 최근 한국 사회에서 싹을 틔우고 있는 숙박 공유에 대해서도 나타나고 있다. 특히 외신을 통해 해외 사례가 한국적 상황을 반영하지 않은 채 소개되면서 두려움은 증폭된다. 이는 우리에게 익숙지 않은 개념에 대한 오해를 불러일으키고, 논의의 장을 가로막을 수도 있다.

예를 들어 보자. 최근 특정 지역에 수용 범위를 초과한 관광객이 몰려 주민들의 삶에 악영향을 주는 현상인 '오버투어리즘' 문제가 제기되면서 한국에 해외의 사례가 소개되었다. 그중 하나는 네덜란드 암스테르담에서 에어비앤비를 규제한 사례다. 거주지가 디즈니랜드처럼 변한다는 의미를 담은 '디즈니피케이션'이라는 흥미로운 용어를 쓴 외신 기사는 한국 신문에서도 단골 소재가 됐다. 많은 한국 언론이 이 문제를 다뤘다. 2018년 5월 외신을 인용해 보도된 기사에는 네덜란드 수도 암스테르담 시정부 구성을 협상 중인 녹색좌파당 등 4개 당 연합이 오버투어리즘을 막기 위한 정책 중 하나로 시 중심에서 에어비앤비의 영업을 제한한다는 내용이 담겼다.

하지만 이 내용을 조금만 깊이 살펴보면 이상한 점을 찾아볼 수 있다. 도심지는 에어비앤비보다는 호텔 위주로 숙소가 공급되는 장소다. 에어비앤비는 도심지보다는 도심 외곽 쪽에 분포하는 경향이 짙다는 연구 결과를 쉽게 찾아볼 수 있다. 공유경제 전문가인 아룬 순다라라잔 교수는 《4차 산업혁명 시대의 공유경제》에서 뉴욕의 에어비앤비 숙소 분포를 예로 들며 "에어비앤비 이용객은 대개 호텔이 밀집해 있는 맨해튼 중심지에서 벗어난 지역에 머문다"*고 밝혔다.

암스테르담의 통계도 찾아보았다. 2017년 기준, 암스테르담에서 에어비앤비 게스트의 71퍼센트는 도심 외곽에 머물렀다. 게스트 네 명 중 세 명은 에어비앤비가 더 환경친화적이고 지속 가능한 여행을 가능케 할 것이라 생각해 에어비앤비를 선택했다고 답했다. 반면, 암스테르담에는 총 객실 수 7만 개에 달하는 약 500개의 호텔이 존재하며, 향후 5년 안에 8000개의 객실이 더 늘어날 것으로 예상된다. 사실상 암스테르담 도심의 과밀 관광은 다른 곳에 원인이 있다는 것을 쉽게 알 수 있는 통계다.

그런데도 여기서 에어비앤비가 주요 타깃이 된 이유는 새로운 것에 대한 두려움으로밖에 설명되지 않는다. 암스테르담에서 기득권 세력에 의한 견제의 형태로 나타난 조치가 한국에 소개되며 새로움에 대한 두려움으로 확산된다. 어쩌면 하숙과 크게 다르지 않은, 공간 공유의 한 방법인 에어비앤비가 이 같은 경로를 거치며 두려움의 대상이 된 셈이다.

● 《4차 산업혁명 시대의 공유경제》, 아룬 순다라라잔, 이은주 옮김, 교보문고, 2018.

오버투어리즘과 함께 에어비앤비가 종종 엮이는 이슈는 거주민 이탈 문제다. 주거 공간을 숙박용으로 사용하고, 이 영업이 잘되다 보니 임대료가 높아져 실제로 주거해야 할 사람들이 떠나게 된다는 지적이다. 독일 베를린과 프랑스 파리 등에서 이 이슈가 제기되며 에어비앤비가 거론되고 있지만, 이는 에어비앤비에 대한 오해에서 비롯된 것이다.

우선 독일 베를린의 사례부터 보자. 독일의 도시주택 전문 연구소인 게보스의 연구 결과를 보면, 에어비앤비는 베를린의 주택 시장에 별다른 영향을 미치지 않는 것으로 나타났다.* 연구소에 따르면, 베를린 주택 시장은 복잡한 요인들에 영향을 받고 있다. 베를린의 인구는 2015년 1년 동안 바로 옆 도시인 오라니엔부르크의 전체 인구만큼 증가했다. 그런 와중에 매년 2만 6000개씩 공급되어야 할 신규 주택은 그만큼 건설되지 않고 있다. 또한 아파트 가격 자체가 빠르게 상승하고 있다. 아파트 가격 상승률은 2015년에 8퍼센트를 기록했는데, 이는 임대료 상승률보다 가파른 오름세다.

더욱이 에어비앤비 데이터를 보면, 베를린에서 63퍼센트의 에어비앤비 숙소가 30일 미만으로 공유되고 있고 20퍼센트 정도만 60

•　"New Study: Airbnb has 'No Significant Impact' on Berlin Housing Market," airbnbcitizen, Oct. 6, 2016, https://www.airbnbcitizen.com/new-study-airbnb-has-no-significant-impact-on-berlin-housing-market/.

일 이상 숙소로 공유되고 있었다. 에어비앤비 숙소로 활용되는 집은 전체 주택의 0.6퍼센트에 불과했다. 임대료 상승에 대한 비난의 화살을 두려움의 대상으로 향하는 것은 결코 문제 해결에 도움이 되지 않는다.

프랑스 파리에서 나오는 지적도 과해 보인다. 프랑스 일부 매체는 에어비앤비가 젠트리피케이션의 원인이라고 지적하지만, 이는 "도시에서 벌어지는 모든 일은 양면성이 있다"는 도시 분야의 근본적인 명제를 고려하지 않은 성급한 일반화의 오류다. 여러 측면 가운데 한 장면을 비췄을 뿐이다. 에어비앤비의 데이터를 보면, 전형적인 호스트의 2017년 연간 수입(중간값)은 2900달러(약 312만 원)에 불과했다. 파리의 에어비앤비 호스트 대부분이 남는 방을 공유하는 방식으로 운영되고 있다는 뜻이다.

이 같은 사실에도 불구하고 우려가 제기되자 에어비앤비는 2017년 11월 집 전체를 관광객에게 내줘 주택 부족 문제를 일으키지 못하게 하는 대안*을 내놓았다. 에어비앤비는 파리의 센트럴 디스트릭트에서 '집 전체'에 한해 1년에 120일 이상은 공유하지 못하도록

---

* "Airbnb to introduce automated caps in Central Paris to promote responsible and sustainable home sharing," airbnbcitizen, Nov. 14, 2017, https://www.airbnbcitizen.com/airbnb-to-introduce-automated-caps-in-central-paris-to-promote-responsible-and-sustainable-home-sharing/.

하는 방안을 2018년 1월부터 시행했다.● 지속 가능하고 책임감 있는 관광을 증진하기 위해 자발적으로 취한 조치다.

도시별 상황은 하나하나 모두 다르다. 프랑스 파리는 면적 105.4 제곱킬로미터에 인구 224만 명으로, 1제곱킬로미터당 2만 1000명이 살고 있는 도시다. 2017년에 파리의 에어비앤비를 이용한 게스트 213만 명을 단위면적당 인구로 나눠 따져 본 '에어비앤비 게스트 밀도'는 101명/년이었다.

이와 달리 서울은 면적 605.2제곱킬로미터에 인구 986만 명으로, 1제곱킬로미터당 1만 6000명이 산다. 2017년 서울 에어비앤비를 이용한 게스트 81만 명을 단위면적당 인구로 나눠 보면 51명/년이다. 파리의 절반 수준이다. 파리와 서울의 고민은 다를 수밖에 없다는 뜻이다.

그런데도 해외 언론의 기사는 이러한 도시 간 차이에 대한 고려 없이 한국에 소개되고 있다. 이에 따라 한국 사회는 숙박 공유에 대해 실제보다 과도한 두려움을 가질 수 있다. 우리는 이 같은 특징을 정확히 이해하고 외국의 사례를 비판적으로 받아들여야 한다.

●　"Airbnb to introduce automated caps in Central Paris to promote responsible and sustainable home sharing," airbnbcitizen, Nov. 14, 2017, https://www.airbnbcitizen.com/airbnb-to-introduce-automated-caps-in-central-paris-to-promote-responsible-and-sustainable-home-sharing/.

'시간 주권'을
찾아야 한다

독일 정치학자 헤어프리트 뮌클러(Herfried Muenkler)는 《제국: 평천하의 논리(Imperien)》에서 19세기 말에 미국이 제국으로 성장할 수 있었던 배경에 대해 설명하며 '시간 주권'을 강조한다.* 유럽 국가들이 강대국들 한가운데 놓여 있어 서로 지속적으로 견제하고 때로는 군사적 충돌에 직면했던 것과 달리, 미국은 그 지정학적 이점 덕분에 제국의 성장 속도를 자신의 판단대로 조절하며 차근차근 패권을 도모해 나갈 수 있었다.

난데없이 왜 제국 이야기를 꺼냈느냐고 생각할지 모르지만, 시간 주권을 갖는다는 것은 단지 평범한 강대국이 제국으로 가는 데에만 적용되는 이야기가 아니다. '시간 주권'이란 특정 사회가 성장하기 위한 기본 조건이며, 주변 여건에 흔들리지 않고 묵묵히 제 갈 길을 갈 수 있도록 해주는 힘이다.

즉, 시간 주권을 가진 사회는 공유경제처럼 최근 등장한 새로운 기술 기반 상품이 도입될 때, 꼭 거쳐야 할 과정을 차근차근 밟아 나갈 수 있는 여건을 마련해 준다. 새로운 상품이 등장해 특정 사

* 《제국: 평천하의 논리》, 헤어프리트 뮌클러, 공진성 옮김, 책세상, 2015, 91쪽.

회에 도입되고 평가가 이뤄지기까지의 과정이 흔들림 없이 진행되어야 한다. 그래야 좋은 점과 나쁜 점을 두루 경험해 보고 그 사회가 지닌 특유의 특징들을 하나씩 반영해 완성품을 얻을 수 있다. 그렇다면 한국 사회는 시간 주권을 가지고 있을까? 이렇게 되묻지 않을 수 없는 이유는 우리 사회가 외국으로부터 쏟아지는 국제 뉴스에 따라 갈대처럼 이리저리 흔들리고 있다고 보기 때문이다.

앞서 언급했던, 에어비앤비가 한국에서 겪고 있는 일들이 대표적인 사례다. 해외에서 마구잡이로 쏟아지는 외신발 기사들은 그 지역의 맥락을 담고 있지 않다. 공유경제 도입이라는 측면에서 한국보다 훨씬 앞서 있는 곳, 그리고 한국 사회와는 지역적 특징이 확연히 다른 곳의 트렌드를 그 고유의 맥락을 배제한 채 받아들이면 한국 사회는 그것을 발전시킬 기회 자체를 박탈당하게 된다. 다시 말해, 우리는 '시간의 주권'을 확보할 수 없다.

2008년 세계 금융위기 이후 다른 나라와 함께 한국 역시 저성장과 '뉴 노멀' 사회로 진입했다. 그 후 자연스럽게 자원을 쪼개고 유동화하며 효율을 극대화하려는 고민이 등장하기 시작했고, 그것이 공유경제라는 새로운 산업의 형태로 등장하게 되었다. 그러나 한국에서는 이 같은 등장 배경보다는 '공유'라는 단어가 풍기는 느낌에 더 관심을 갖는 듯하다. 그래서인지 공유경제를 두고 그저 자본주의를 극복할 수 있게 도와주는 신개념 '착한 경제' 정도로만 미루어

짐작하는 사람이 많다. 그러다 보니 공유경제에서 자본주의적 특징이 발견될 때마다 실망하고 비판한다.

공유경제가 왜 등장했고 어떻게 작동하는지 정확하게 이해하지 못하고, 다시 말해 '시간의 주권'을 갖지 못한 상태에서 공유경제에 대한 몰이해를 바탕으로 새 시스템에 환호하다 보니, 밑바닥부터 다져 온 경험이 쌓이지 못했고 논리가 튼실하지 못하다. 그러니 낡은 세력의 저항에 손쉽게 무너지고, 작은 비판에도 속수무책으로 무너지게 된다.

우리 사회는 빅데이터를 이용한 사회적 편익 증진에 대해서는 제대로 살펴보지도, 실제로 경험해 보지도 못했다. 그런데도 빅데이터 활용에 따른 개인정보 이슈에 대해서만 활발하게 논의하고 있다. 미국에서는 이미 빅데이터와 인공지능을 결합한 스마트한 의료용 진단 방식이 등장하고 있는데, 한국에서는 의료 정보의 불법적인 유통에 따른 '빅브라더'의 우려에 대해서만 주로 논의하고 있다. 우버의 자율주행차 사망 사고 소식이 미국에서 들려오자 '자율주행차 안전성 우려 증폭' 기사가 등장한다. 미국 사회에서 그 우려가 확대되는 것은 이해가 가지만, 아직 그 단계에 이르려면 한참 멀리 가야 할 우리 사회에서 그 '우려'에 대한 논의만 확대 재생산되며 '우려'가 꼬리를 물고 있는 현실은 참으로 안타깝다.

우려와 두려움은 우리가 묵묵히 이 기술을 발전시킬 기회를 놓치게 만든다. 2016년 구글의 인공지능 알파고가 한국을 찾아와 바둑으로 이세돌 9단을 꺾었을 때, 한국 사회는 인공지능이 지배하는 디스토피아적 상상을 쏟아내며 일자리에 대한 우려에 목청을 높였다. 물론 이런 고민이 쓸데없다고 할 수는 없지만, 우리가 그 논의에 이르기까지 어느 정도나 관련 기술을 확보하고 있는지, 두려움을 과하게 확대 해석하고 있지는 않은지, 그래서 한쪽으로만 쏠리지 않았는지에 대해 고민할 필요가 있다.

최근 규제 개혁을 하자는 목소리가 높다. 아무런 규제를 적용하지 않은 상태에서 실험해 보는 '규제 샌드박스'를 도입하자는 주장도 많다. 하지만 이에 앞서 진짜 규제 개혁에 성공하려면 우선 한국 사회가 묵묵히 제 갈 길을 걷는 기회를 가져야 한다. 우리는 먼저 그런 의미에서 '시간 주권'에 대해 고민해야 하지 않을까? 우리 사회는 사안의 본질부터 하나씩 파고들고 부정적 효과는 물론 긍정적 효과까지 종합적으로 차근차근 따지고 경험해 보는 기회가 절실하다.